3000以上の家計を診断した人気FPが教える

お金・仕事・家事の
不安がなくなる

共働き夫婦最強の教科書

内藤眞弓 著

東洋経済新報社

はしがき

ファイナンシャルプランナー（FP）として家計相談をしていると、共働きのご夫婦からこんな相談を頻繁に受けます。

「共働きでやってきたが、もう限界。（妻が）仕事を辞めても（あるいはパート勤務になっても）大丈夫かどうか、相談に来た」というものです。限界と考える理由は、出産、2人目の出産、仕事のキツさ、小1の壁、中学受験などです。

そのようなご相談の場合、まず丁寧に問題を解きほぐしていき、妻が仕事を辞めた場合の「本来得られるはずの収入」を可視化したうえで、そのご家庭ごとの事情を勘案しながら、解決方法を検討していきます。

唯一の正解はありません。ご本人たちが知恵を絞り、本音を語り合うプロセスが大事なのです。その際、私はサポート役に徹することを心がけています。概ね話し合いが飽和に達したあたりで、それらをまとめる形で解決方法をご提案すると、皆さん

「これなら何とか続けられそうです。ありがとうございました」と明るく帰っていかれることがほとんどです。

本書では、これまで3000件もの家計相談をお受けしてきた中で、よくあるお悩みを類型化し再構成したうえで、その解決方法をわかりやすくお伝えしています。一人一人の望む暮らしの実現を、マネープランを通してサポートするのがファイナンシャルプランナー（FP）の仕事です。けっして効率一辺倒ではなく、限りある時間をできるだけ楽しく、自分のやりたいことに充てられるための工夫を盛り込みました。

一人一人性格も違えば、働き方や家族観も異なります。本書の内容がそのまますべての人にあてはまるわけではないと思います。実行できそうなものから少しずつ取り入れていただいたり、自分流にアレンジしたり、自由に広げていっていただければありがたいです。

本文中に「激務の夫」「時短勤務の妻」などの記述がありますが、ご相談の多い事例をたまたま取り上げただけで、性別役割分担の固定を意図したものではありません。

また、本書は時間のヤリクリが最も厳しいと思われる共働き正社員夫婦を前提に書いていますが、働き方にかかわらず、仕事と家庭の両立に「なんだか毎日がしんどい」と感じていらっしゃる方にとっても、暮らしを楽にするヒントが詰まっています。

本書は共働きを「がんばるための本」ではありません。一人一人は弱いから、毎日がんばり続けられないから、せっかく縁あって家族になったのだから、歯を食いしばるのではなく「笑顔で支え合うためのヒント集」としてご活用いただくことを目指しました。

ほんの少し視点をずらすことによって、見える景色が変わってくることもあります。人生100年。まだまだ先は長いです。肩の力を抜いて未来への1歩を踏み出しましょう。

内藤眞弓

2021年8月

目次

第1章 ステップ1：家計管理で今すぐできる5つのこと

第2章
ステップ2：家事で今すぐできる5つのこと

第3章
ステップ3：育児で今すぐできる5つのこと

第4章

ステップ4：職場で今すぐできる5つのこと

第5章 ステップ5：ママ友・パパ友・ご近所づき合い・両親との関係でできる5つのこと

第6章

産休・育休期、乳幼児期、小1の壁、中学受験の乗り越え方

終章

妻と夫が「共働きの壁」を克服すべき5つの理由

序章

親世代と同じ生活はできない5つの理由

01

20年前から男性の年収は27万円減、女性の年収は16万円増

私のもとに相談にみえる夫婦が、人生設計について、よくこんなことをおっしゃいます。「今は2人ともフルタイムで働いていますが、子どもができたら、妻が一時的に仕事を辞め、幼稚園や小学校に入ったら、パートで復職する予定です。自分たちの親がそうでしたし」

そのたびに伝えているのが、**「親世代と同じような働き方、暮らし方はできない時代です」**ということです。一体どういうことか、具体的に見ていきましょう。

「男は仕事、女は家庭」では無理

現在も女性の賃金は男性より低いのですが、過去を振り返ると、その差はほんの少

男女の賃金格差の推移

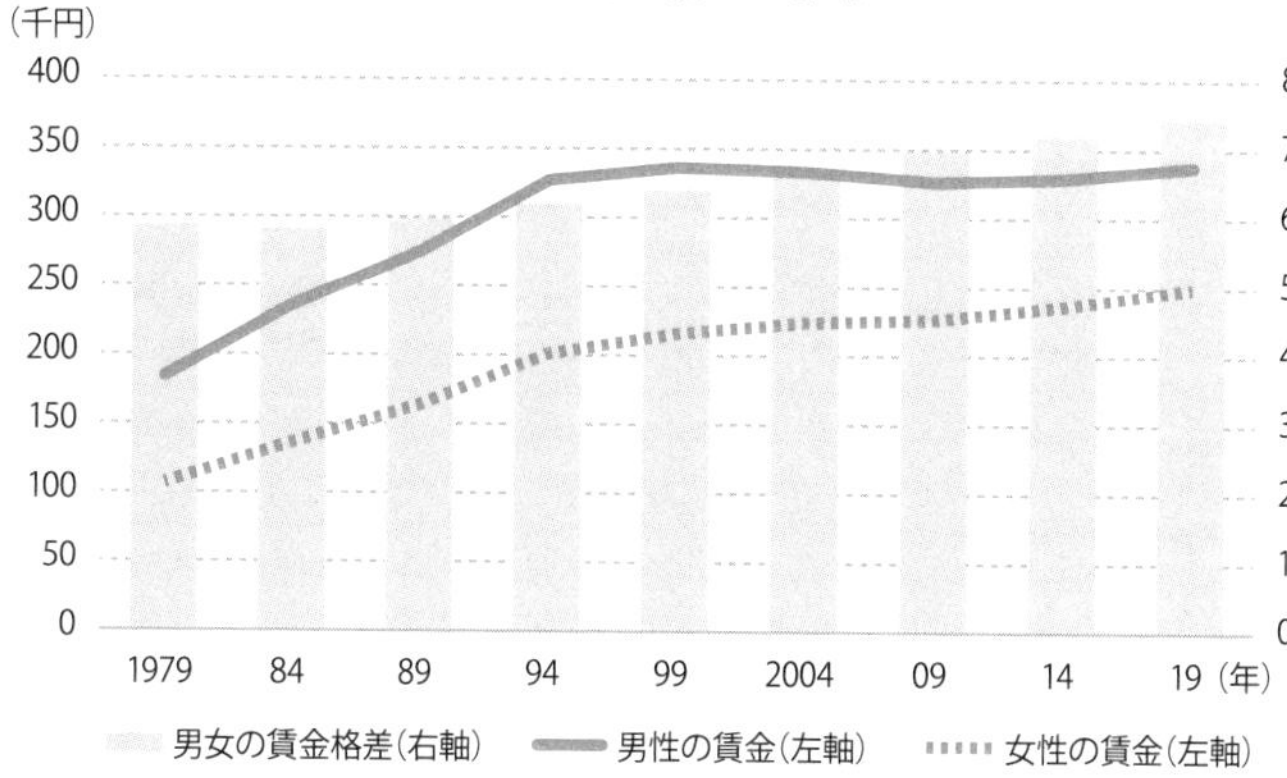

（注）「男女の賃金格差」は男性＝100とした場合
（出所）厚生労働省「賃金構造基本統計調査」、独立行政法人労働政策研究・研修機構「図6男女間賃金格差」統計表使用 https://www.jil.go.jp/kokunai/statistics/timeseries/html/g0406.html

しずつ縮まってきています。男性の賃金が横ばいになり、女性の賃金が上昇しているからです。１９９９年の民間企業のサラリーマン男性の平均年収は５６７万円でしたが、20年後の２０１９年は５４０万円に減少しています。一方、女性の年収は２８０万円から２９６万円に上昇しました。[1]

次に、「20～24歳」時の男性の平均所定内給与を１００とした場合の、賃金の年齢階級別カーブを１９９５年と２０１９年で比べると、ほとんどの年齢階級において、２０１９年のカーブは１９９５年のカーブを下回っています。これは、１９９８年に60歳定年が

男性賃金の年齢階級別カーブ

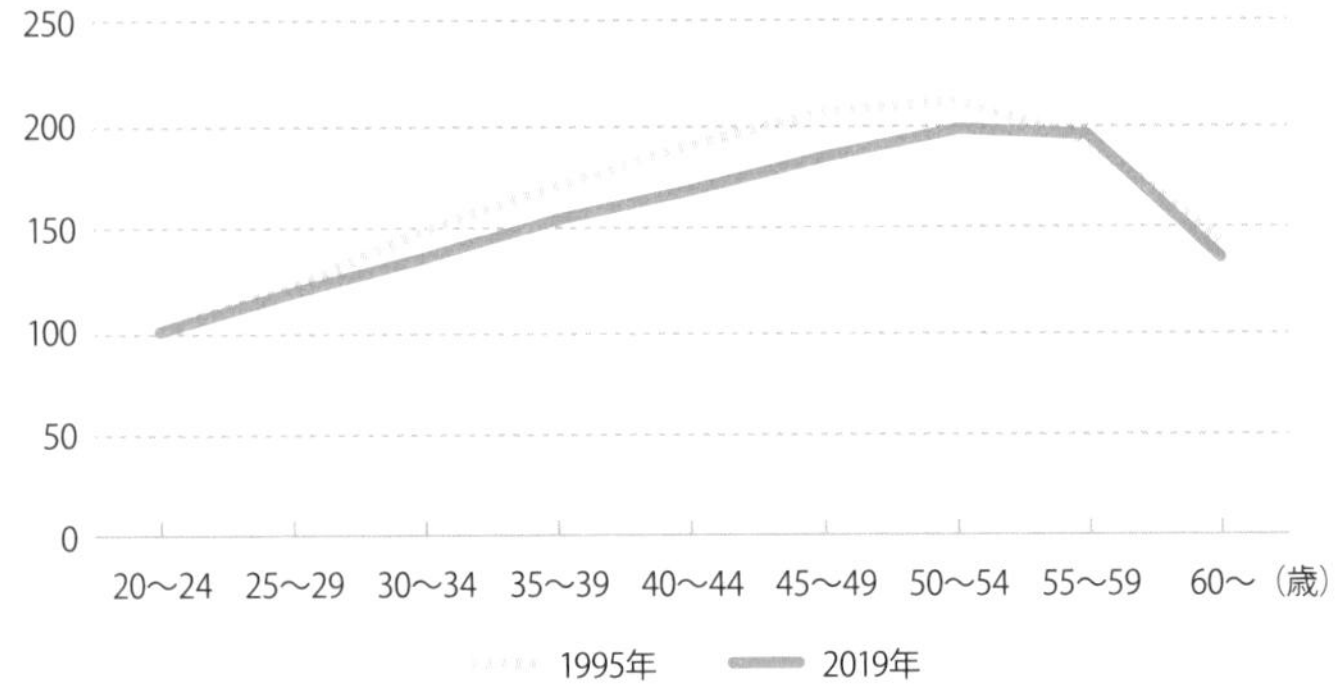

（注）20～24歳の賃金を100とした場合
（出所）厚生労働省「賃金構造基本統計調査」、独立行政法人労働政策研究・研修機構「図5賃金カーブ」統計表使用 https://www.jil.go.jp/kokunai/statistics/timeseries/html/g0405.html

完全義務化され、２０１３年には希望者全員を65歳まで雇用することが義務となったことの影響でしょう。

さらに、希望する人が70歳まで働けるよう企業に努力義務を課す法律ができたり、多様で柔軟な働き方を選択できる社会の実現を目指す、働き方改革が進められたりしています。これによって時間外労働が抑制されたなら、長時間労働で一家の大黒柱の地位を保っていた男性正社員の賃金は下がらざるをえません。

親世代は、男性の賃金のみで住宅購入や子の教育費などを賄うことができたのでしょうが、**「男は仕事、女は家**

庭」という性別分業では、長い人生を乗り切ることが難しくなっています。

このような変化は、長時間労働を前提としていた従来型の職場が、女性にとっても働きやすい職場に変貌を遂げる可能性を秘めています。そうなれば、男性も家事や育児を担える環境が整ってくるということです。変化を先取りして、わが家を未来志向型に改革しておく必要があるのです。

男性の年収は減少傾向。
出産で妻が退職するのはリスク大

02

手取りは70年代の8割超から7割弱に

前節では男性の賃金は横ばいで、かつてのような一家の大黒柱とはなりえないことを指摘しました。ところがそれだけではなく、たとえ同じ賃金を稼いだとしても、実際に使える金額は減っているのです。

可処分所得の減少

私たちが会社から受け取る給料は、所得税や住民税、社会保険料を差し引いたあとの金額です。それを可処分所得（手取り収入）といいます。

１９７６年の可処分所得は約82％でしたが、２０１８年は約69％にまで落ちています。[2] 家族構成や年収によってこの割合は異なりますので、もう少し具体的な最近の事

平均退職給付額の推移

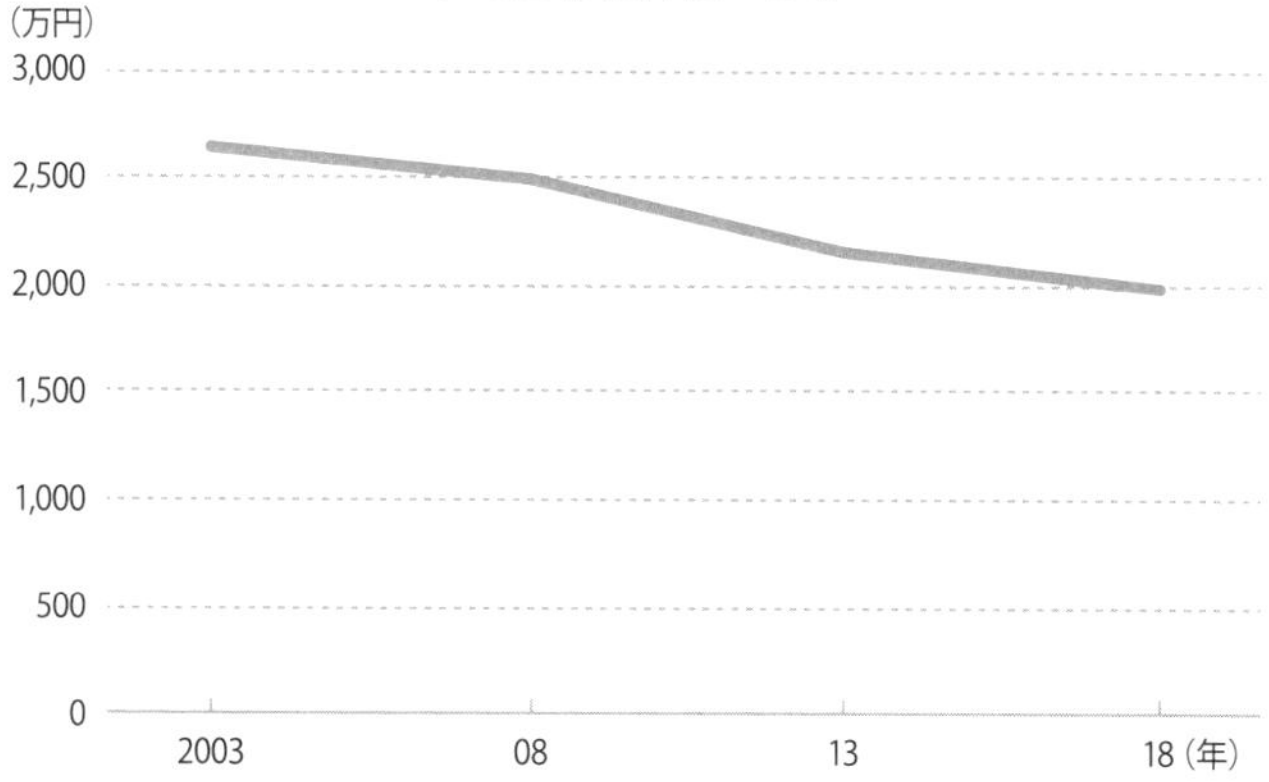

（注）大学卒（管理・事務・技術職）勤続35年以上の定年退職者
2013年・2018年は大学院卒含む
（出所）厚生労働省「就労条件総合調査」より筆者作成

例で見てみましょう。年収700万円の可処分所得は2002年が587万円、2021年が538万円と、約50万円も減少しています。[3]

これは少子高齢社会になったことの影響で、公的年金保険料や健康保険、介護保険料の負担が大きくなっているからです。**賃金は横ばいで可処分所得も減るとなれば、1人の収入で何とかやりくりしようと思うと大変です。**

退職金もあてにならない

そうはいっても、退職金があるから何とかなるのではないかと考えるかもしれません。ところが、賃金だけでなく退職金も右肩下がりです。平均退職給付額の推移を見ると、２００３年の約２６００万円から、２０１８年には約２０００万円と６００万円も減少しています。退職給付制度を見直す企業もありますし、今後は転職がもっと当たり前になってくるかもしれません。１つの会社で勤め上げて、退職金をもらって上がりという人生コースは、あてにしないほうが賢明です。

大卒で働くとすれば、60歳で後は悠々自適だった親世代と比べて働く期間は37年から42年と、５年間も伸びるわけです。40年以上の長期にわたって生身の人間１人に収入源を集中させるのは、リスク管理上も危ういと感じます。**共働きは選択肢の１つではなく、デフォルト**だと考えたほうがよいと思います。

昔と同じ年収でも手取りは減。
共働きがデフォルトの時代

03

東京都の新築マンションは70年代の5倍の価格に

親世代が住宅を購入するときは、住宅金融公庫（現在の住宅金融支援機構：以下、公庫）で住宅ローンを組むのが当たり前で、頭金が20％あることが条件でした。そのため、身の丈に合わない借り入れをすることが避けられました。

また、今よりはるかに高い金利でしたが、サラリーマンの賃金が上がり続けたことから、住宅ローン返済が家計を圧迫することもなく、逆に繰り上げ返済をすることによって、現役時代のうちに完済することも珍しくはありませんでした。

そうはいっても、返済ができない人もいましたが、買ったときより高く売れることがほとんどで、ローンを返済してもおつりが来るといった状況でした。そのような時代を生きた人は、「家賃を払うのはもったいない。返せなければ売ればいい」といいますが、時代がまったく違うことを知らなくてはなりません。

上がり続けるマンションの価格

現在、住宅購入に際しては民間金融機関で融資を受けることが一般的になり、頭金がなくても借り入れができるようになりました。公庫が借り入れ期間中の金利が決まっている固定金利だったのに対し、今は住宅ローン利用者のうち、変動金利型が68・1%、一定期間の金利を固定する固定期間選択型が20・7%となっています。[4]

新築マンション価格は大幅に値上がりしており、2020年の新築マンションの平均分譲価格は全国平均で4971万円ですが、東京都区部は7564万円、東京都下で5414万円と突出しています。[5] 親もしくはもう少し上の世代の住宅取得時期である1973年は首都圏1171万円、全国平均で1086万円だったものが、2012年にはそれぞれ4540万円と3824万円になり、現在に至っています。[6]

一方、金融機関同士の競争もあり、住宅ローン金利は低く推移し、高額な物件購入をあと押ししています。

手取り減少と住宅ローンの潜在的リスクの高まり

親世代は、夫1人の稼ぎで家族を養い、住まいも購入できましたが、住宅価格も住宅ローン事情も、今とはまったく異なります。すでに述べたように、公庫から高金利で借りていた人たちは繰り上げ返済するか、こぞって民間金融機関に借り換えをし、返済額を減らせたり、予定より早く完済したりできました。定年を迎える頃には住宅ローンから解放されていた人が多かったと思われます。

一方、現在は**住宅価格が高くなっているにもかかわらず、手取りの収入は減っています。**そのため、無理をして住宅を買おうと思えば、固定金利よりも金利水準の低い変動金利で、長期のローンを組まざるをえないケースも多いはずです。今は金利が抑えられていますが、将来、金利が上がり始めたときに、住宅ローン返済の負担が重くなるリスクも抱えています。頭金なしで高額の借り入れをしている人ほど、潜在的リスクが大きいといえます。

金利上昇のリスクだけではなく、**不測の事態により収入が減少、もしくは途絶えるリスクもあります。**

ある夫婦は共働きを前提にして、ちょっと背伸びをして住宅購入をしましたが、妻の所属する事業部が閉鎖となり、離職に追い込まれました。小さな子どものいる女性の就職活動はなかなか厳しいものがあります。何とか家計をやりくりして過ごしていますが、1人分の収入がなくなってしまうインパクトは大きいです。

住宅購入後の離婚も悲劇です。離婚自体も悲しいことですが、住宅ローンが残っている場合、財産分与でもめてしまう可能性があります。ローン残高よりも高く売れるならいいのですが、逆の場合は売ることもできません。名義変更をしたくても、借り入れ先の金融機関が認めないケースもありますので、なかなか思い通りにはいきません。離婚したいのにできず、やむなく間仕切りをして暮らし続ける家庭内別居状態の夫婦もいます。

個人の努力ではどうにもならないこともあります。何らかの事情で住宅価格が大幅に下落し、自分の持家の価値が目減りしたとしても、住宅ローンの残高は変わりません。収入の見通し

や環境の変化など、資産形成途上の現役世代にとって、住宅ローンを組むということは相当高度なリスク管理を要することだと認識する必要があります。

住宅ローンはさまざまなリスクを想定して慎重に

04

約半数の大学生が借金で進学する

1976年度の国立大学の授業料は9万6000円、入学料5万円、私立大学は平均が授業料約21万円、入学料約12万円でした。入学年度は授業料と入学料を合算した額がかかり、翌年度からは授業料が3年間かかり続けますが、この頃の負担はさほど大きいものではありませんでした。しかしその後、国立大学も私立大学も、どんどん入学料と授業料の負担が増えていきました。

現在の大学の学費はどうなっているのでしょう。国立大学の入学料と授業料は、文部科学省が定めた標準額に基づいており、標準額の20%上限の範囲で、各大学が決めることができます。2021年度の標準額は、授業料53万5800円、入学料28万2000円です。一方、私立大学の平均は、2019年度で授業料約91万円、入学料約25万円、施設設備費約18万円となっています。[7]

大学生（昼間部）の奨学金利用者の割合

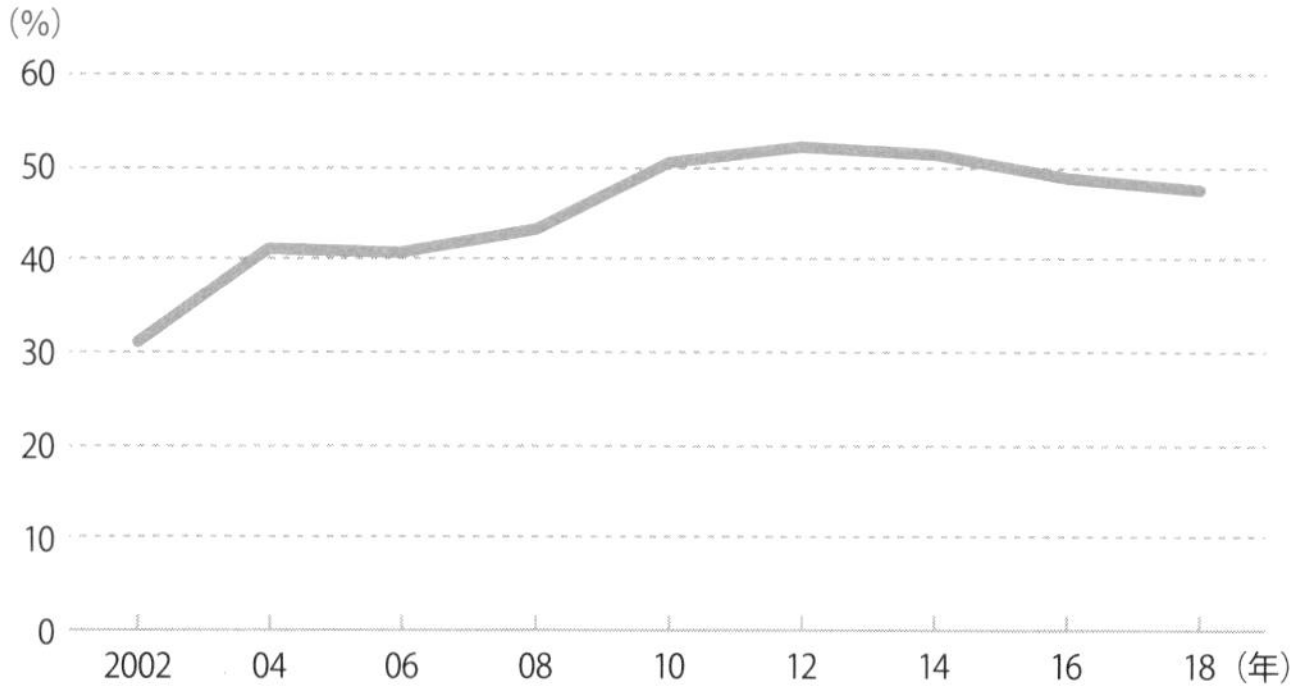

（出所）日本学生支援機構「学生生活調査」より筆者作成

奨学金利用者が50％

毎年、まとまった金額が必要になりますから、子どもが高校までの間に、ある程度は貯めておく必要があります。親世代まであれば、「大学の費用は簡保[8]の学資保険で賄った」という成功体験がありましたが、生命保険の予定利率が高かった時代の話で、**今は学資保険に入ってもさほど増えません**し、何より学費そのものが高騰しているのです。

満15～34歳の若年労働者のうち、高校卒の正社員は56・3％ですが、大学卒は80・9％です[9]。大学卒のほうが、正社員として雇用される割合は高くなりますから、多少無理をしても大学に行かせたいと思うのはもっともだと思います。ただし、気になるのが奨学金を利用する学生の割合です。２００２年には30％程度だったものが、現在はほぼ50％前後で推移しています。

奨学金の延滞で信用情報にキズ

学歴が高くなるほど正社員率が高くなるとはいえ、必ず正社員になれるとは限りません。親世代の常識では、就職といえば正社員というイメージがありますが、卒業時の経済状況にも大きく影響を受けます。たとえ正社員として就職できたとしても、離職や転職、心身の不調など、何が起こるかわかりません。もし、返済ができずに3カ月以上延滞をすると、個人信用情報機関に個人情報が登録されます。登録されると「経済的に信用度が低い人」とみなされ、クレジットカードが作れないとか、住宅ローンなどが組めないといった不都合が生じます。

子の奨学金が親の生活を危うくさせる

また、**親が連帯保証人になっている場合、子が延滞をすると、子に代わって親が返還をする義務を負います。**教育費を工面できないためにやむなく奨学金を利用しているような場合、奨学金返還のために親自身の生活が立ち行かなくなる可能性もあります。保証料を保証機関（日本国際教育支援協会）に支払えば連帯保証をしてくれますので、親を連帯保証人にしなくても奨学金を利用できます。しかし、保証機関は延滞が発生したときに残額を立て替えて支払うだけで、そのあと、立て替えた金額を一括返済するよう利用者に請求をします。生活費のやりくりだけでは限界がありますので、いかに世帯収入を上げるかを考える必要があります。

奨学金利用は慎重に。
十分な世帯収入確保の方策を

05

80年代は定期預金10年で資産が2倍になった

「銀行に預けていてもお金は増えない」というのが読者の皆さんの常識ではないでしょうか。ところが、親世代は安全確実な銀行の預金でもお金が増えた時代でした。1988～92年にかけての、銀行の1年定期預金の金利推移を見てみると、1990～91年にかけて最も高く、年6％を超えています。たとえば、1988年に100万円を1年間預け、満期になったらまた預けて、と繰り返していると、5年後には125万円になりました。

長期で預けられるお金であれば、さらに有利です。郵便局（現ゆうちょ銀行）の定額貯金は半年複利で利子がつき、最長で10年間預けることができます。定額貯金の金利は1974～75年にかけて、史上最高の8％を記録しました。[10] このときに100万円を預けたとすれば、10年後にはなんと219万円になりました。

1980年には再び8%となっていますが、このとき預けた人が満期を迎える1990年は6・33%でした。もし、1980年に100万円を預け、1990年の満期時に再び定額貯金に預けたなら、10年後の2000年には408万円です。現在の0・001%、0・002%といった金利と比べると、何だか溜め息が出てきますね。

預貯金だけで資産形成は十分可能だった

どんなに金利が高くても、物価がそれ以上に上がっていたら暮らしは楽になりません。額面で預金が増えていても、実際の価値は下がっています。そこで、消費者物価指数の推移（インフレ率）を見てみます。1970年代は結構高く、1974年は20%超えです。しかし、80年代に入ってからは落ち着いており、預貯金だけでも家計の資産形成は十分に可能だったといえます。

それも今は昔。その後、バブルの崩壊が引き金となって、銀行や生命保険会社の破綻が相次ぎました。今や**安全確実な商品では、なかなかお金を貯めにくい世の中**になりました。そのため、個人の資産形成をあと押しするべく、つみたてＮＩＳＡ[11]など、投資商品を少額から積み立てる税制優遇の仕組みが導入されています。

安全確実な商品ではお金を貯めにくい時代

06

「子どもが小さいときは育児に専念、子が成長したら仕事に復帰」は時代遅れ

両親あるいは祖父母の時代と今とは、何もかもが違っていることがおわかりいただけたでしょうか。こんなに明確な変化があるにもかかわらず、社会や人々の意識が変わるにはまだまだ時間が必要なのかもしれません。なぜなら、あまりにもうまく行き過ぎた時代の記憶が鮮明なため、「そのように振る舞えば大丈夫」というより、むしろ「そのように振る舞うべきである」というメッセージを次の世代に送り続けるからです。

親世代は自分たちと同じ人生設計を推奨する

前世代の人たちが気づいていないわけではないのですが、「時代は変わった」といいながら、自分たちが生きてきた時代と同じであるかのような人生設計を推奨するので

す。「女性には家庭責任があるから、子どもが小さいときは子育てに専念し、子の手が離れたら再就職する」というライフサイクル論もその1つです。

ライフサイクル論は女性から経済力を、男性から家事・ケア能力を奪います。そして、10年近く職場から遠ざかった女性が就けるのは、自立できないほどの低賃金な職とならざるをえません。一方、家事・ケア能力を奪われた男性は、何があっても経済的責任から逃れる術はありません。それは男性にとっても女性にとっても、厳しくつらい道のりです。

「扶養の範囲で働く」ではジリ貧に

ライフサイクル論をあと押しするのが、「夫の扶養の範囲で働く」という魔法の言葉です。扶養といっても、税制上の扶養と社会保険上の扶養があります。世帯での手取り収入に影響があるのは、「130万円の壁」といわれる社会保険上の扶養です。サラリーマンの妻は収入が130万円未満であれば、夫の会社の健康保険や厚生年金の被扶養者になりますので、自ら社会保険料を負担する必要がありません。130万円を少し超えたくらいの収入では、社会保険料を払うと世帯の手取り収入が減少するため、１３０万円を超えないよう、働き方を調整する妻が多いのです。

あまりにも大々的に「扶養の範囲を超えると損」の大合唱があるためか、相談者から「私はいっぱい働きたいのに、何で１３０万円までしか働けないのですか」と聞かれ、驚いたことがあります。まるで法律で禁止されているかのように受け止めていたようでした。

しかし、**１３０万円の壁にも異変が起きています。**２０１６年10月から従業員５０１人以上の企業で働く人は、一定の要件を満たせば、年収１０６万円以上で社会保険に加入することになりました。さらに、２０２２年10月から従業員１０１人以上の企業が対象になり、２０２４年10月からは従業員51人以上の企業が対象となる予定ですから、いずれ１３０万円の壁は消滅する運命なのかもしれません。

何気なく妻と表現してきましたが、制度そのものは性に中立で、夫が妻の被扶養者となることも可能です。ちなみに、日本の公的年金の被保険者は第1号、第2号、第3号のいずれかに区分されています。第2号被保険者とは、通常、週30時間以上勤務する常

勤の厚生年金保険加入者のことで、第3号被保険者とは第2号被保険者の配偶者（20歳以上60歳未満）であり、かつ年収130万円未満等の所定の要件を満たした人のことです。そして、第2号、第3号以外の20歳以上60歳未満の人が第1号被保険者です。

ライフサイクル論で乗り切れるほど人生は甘くない

社会人になって40年働いたあと、さらに20年以上の人生が待ち受けています。人生は、窮屈なライフサイクル論で乗り切れるほど甘くはありません。セーフティネットが夫の経済力だけというのは危険過ぎます。一方、家事・ケア責任が妻頼みというのも同様です。女性も男性も経済的責任と家事・ケア責任を分け合い、お互いがお互いのサポーターとなる関係性を構築する必要があります。

とはいえ、社会や人々の意識が前時代を引きずっている現状では、もしかしたら自分たちだけは何とか乗り切れるのではないかとの期待もあり、一歩を踏み出すのは億劫《おっくう》ですし、勇気がいるかもしれません。しかし、前時代の成功のカーブがいずれ下降することが避けられないなら、思い切って新時代のカーブに乗り換えるのが賢明というものです。それが数十年先の自分へのプレゼントとなるに違いありません。

第1章以降は、新時代のカーブに乗り換え、時代の流れに乗るために身につけるべき力や工夫などを盛り込んでいます。

［注］

1 国税庁「民間給与実態統計調査」平成11年分、令和元年分

2 総務省統計局「日本の長期統計系列（原資料：家計調査年報）、2018年家計調査年報（二人以上の世帯）」

3 深田晶恵試算。生活設計塾クルー『クルーレポート』第36号・第853号より。夫が40歳以上の会社員、専業主婦の妻と15歳以下の子2人の家族構成で所定の要件のもとに算出

4 独立行政法人 住宅金融支援機構「住宅ローン利用者の実態調査」（2021年4月調査）

5 不動産経済研究所「全国マンション市場動向――2020年のまとめ」「首都圏のマンション市場動向〈2020年度（2020年4月～2021年3月）の概要〉」

6 不動産経済研究所「全国マンション市場40年史――新マンション時代からどん底へ そして復活」

7 文部科学省「私立大学等の令和元年度入学者に係る学生納付金等調査結果について」

8 民営化前の郵便局の簡易生命保険

9 厚生労働省「平成30年若年者雇用実態調査の概況」

10　伊藤真利子（２０１１）「安定成長期の郵便貯金――郵便貯金増強メカニズムの変化とその要因」『郵政資料館 研究紀要』第2号

11　少額からの長期・積立・分散投資を支援するための非課税制度

第1章

ステップ1：家計管理で今すぐできる5つのこと

01

わが家のライフプラン表を作って将来を見通す

家計管理というと「無駄遣いしない」「赤字を出さない」といった目先のやりくりのこととらえがちです。でも、暮らしはずっと続いていきます。目先のやりくりだけで何とかなるものではありません。まずは**家族全員の年齢構成が変化する状況を「ライフプラン表」（46～47ページ参照）に記入して、「見える化」してください。**次に、「夢・目標・イベント」の欄に、「第1子小学校入学」など、子どもに関するイベントや大きなお金が動くイベントを記入します。左半分ができたところで、じっくり全体を眺めてみましょう。

長期的スパンで考える

人間は1歳ずつ年を重ねます。これは当たり前のことなのですが、長期的スパンで考える機会は少ないものです。慈しみ保護する対象だった子どもが、自分の世界を確立するにしたがい、親と子の関係性は変化していきます。子どもが悩み多き年代に差しかかってきたときに、どこまで介入し、どの程度まで放置して見守るのか、親にとっても悩ましい時期です。

親自身も通ってきた道筋とはいえ、一人一人性格が違えば時代も違います。ましてや親としてはすべてが初めての経験です。迷い悩みながらも人生の先輩として誠実に対応し、子どもが安心して相談できる大人の1人でありたいものです。

末子が社会人になったとき、あなたと配偶者は何歳になっていますか。その時点でのあなたと配偶者の平均余命は何年でしょうか。職場ではどのようなポジションになっているでしょうか。あと何年くらい働けるでしょうか。末子が社会人になったときの年齢が55歳なら、平均余命は男性が約28年、女性は約34年です。[1]

キャリアプラン	収入（万円）			年間支出額（万円）	年間貯蓄額（万円）	累計貯蓄額（万円）
	妻	夫	合計額			
妻：異動願い・面談	250	500	750	550	200	500
	250	500	750	550	200	700
妻：○○関連業務で実績						
妻：チームリーダー						

子どもの教育費がかさみ始めるまでが貯め期

今後の収支を予測し累計貯蓄額の変化を捉える

教育費から解放されたら最後の貯め期

ライフプラン表記入例

	西暦	家族の年齢構成				夢・目標・イベントなど
		妻	夫	第1子	第2子	
起点	X	32	35	3	1	
1年後	X+1	33	36	4	2	
2年後	X+2	34	37	5	3	
3年後	X+3	35	38	6	4	
4年後	X+4	36	39	7	5	第1子小学校入学
5年後	X+5	37	40	8	6	
6年後	X+6	38	41	9	7	第2子小学校入学
7年後	X+7	39	42	10	8	
8年後	X+8	40	43	11	9	
9年後	X+9	41	44	12	10	
10年後	X+10	42	45	13	11	第1子中学校入学
11年後	X+11	43	46	14	12	
12年後	X+12	44	47	15	13	第2子中学校入学
13年後	X+13	45	48	16	14	第1子高校入学
14年後	X+14	46	49	17	15	
15年後	X+15	47	50	18	16	第2子高校入学
16年後	X+16	48	51	19	17	第1子大学入学
17年後	X+17	49	52	20	18	
18年後	X+18	50	53	21	19	第2子大学入学
19年後	X+19	51	54	22	20	
20年後	X+20	52	55	23	21	第1子社会人
21年後	X+21	53	56	24	22	
22年後	X+22	54	57	25	23	第2子社会人
23年後	X+23	55	58	26	24	

末子が社会人になったとき貯蓄はいくらある？

65歳以降の年金時代が20年以上に及ぶことを考えたとき、55歳時点で貯蓄がいくらあるのか、これから退職までに貯蓄が増やせるかどうかはとても重要です。そこで、貯蓄額が今後どうなっていきそうか、右半分の欄に数字を埋め込んで、ざっくりと見通してみましょう。

まず、**起点となる年のあなたと配偶者の手取り収入と2人の合計額を記入してください。**手取り収入の計算にあたっては、毎年1月に勤務先から交付される源泉徴収票と、対象となる年の給与明細を1カ月分用意してください。源泉徴収票の「支払金額」から「源泉徴収税額」「社会保険料等の金額」を引き、さらに給与明細の「住民税額」の12カ月分を差し引いた金額が手取り収入です。

次に、起点となる年のわが家の貯蓄総額を確認してください。これが右端の「累計貯蓄額」です。「累計貯蓄額」のうち、起点となる年の収入の中から新たに貯蓄できた金額を「年間貯蓄額」の欄に記入します。最後に、「収入合計額」から「年間貯蓄額」

手取り収入の計算方法

手取り収入＝支払金額（A）－{源泉徴収税額（B）＋社会保険料等の金額（C）＋（住民税額（D）×12）}

令和 ● 年分　**給与所得の源泉徴収票**

支払を受ける者	住所又は居所		（受給者番号）
			（役職名）
		氏名	（フリガナ）

種別	支払金額	給与所得控除後の金額（調整控除後）	所得控除の額の合計額	源泉徴収税額
給料・賞与	内　円 A	円	円	内　円 B

（源泉）控除対象配偶者の有無等		老人	配偶者（特別）控除の額	控除対象扶養親族の数（配偶者を除く。）						16歳未満扶養親族の数	障害者の数（本人を除く。）				非居住者である親族の数
				特定		老人		その他			特別		その他		
有	従有		円	人	従　人	内　人	従　人	人	従　人	人	内　人	人	人		人

社会保険料等の金額	生命保険料の控除額	地震保険料の控除額	住宅借入金等特別控除の額
内　円 C	円	円	円

（摘要）

給料支給明細書

年　月分
年　月　日　支給

所属		社員番号		氏名	

勤怠他		支給		控除		集計	
出勤日数		基本給		雇用保険料		総支給額	
有給取得数		役職手当		健康保険料		控除合計額	
有給残日数		家族手当		介護保険料		差引支給額	
出勤時間		住宅手当		厚生年金保険料			
普通残業時間		残業手当		所得税			
		通勤手当		住民税	D		
		総支給額		控除合計額			

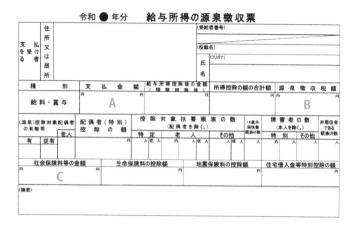

を引くと、その年に支出した金額の合計が出ます。何にいくら使ったかがわからなくても、手取り収入とその年に新たに貯蓄した金額がわかれば、使ったお金の総額だけはつかむことができます。これが1年間の暮らしに使ったお金の総額です。

起点となる年の実績の数字を記入したら、家族の年齢構成の変化と進入学等のイベントを確認しながら、累計貯蓄額がどのように変化しそうかを予測してみてください。教育方針にもよりますが、中学受験を考えているのであれば、小学校中学年あたりから塾通いが始まるかもしれません。

「貯め期」に貯められないと貯蓄は右肩下がり

現在は年間200万円の貯蓄ができているとしても、子どもの塾通いが始まった場合、収入が変わらないとしたら貯蓄できる金額は年間100万円くらいになるかもしれません。もし大学進学を考えているのであれば、大学入学の年は貯蓄ができないかもしれません。子どもが2人だと、貯蓄できない年は何度も訪れるかもしれません。

考えるべきは教育費だけではありません。子どもの成長とともに、食費や水道光熱費、被服費、スポーツや音楽といった学校以外の活動費など、暮らしにかかる費用は膨張していきます。もし、仕事を辞めて２５０万円の収入がなくなれば、貯蓄ができないどころか50万円の赤字になってしまいます。子どもが小さい時期は何とか食費や光熱費などを抑えて赤字が出ないようにやりくりしても、暮らしの膨張とともに貯蓄を取り崩すことになることは目に見えています。

もし、妻が扶養の範囲内で働こうと考えて収入を１３０万円に抑えたとしたら、年間貯蓄額は80万円になってしまいます。そうなると、第１子が小学３年生になる６年後の累計貯蓄額は９８０万円です。現在のまま２００万円の貯蓄ができていたなら、１７００万円になっていますから、その差は７２０万円です。翌年から塾通いが始まると仮定すると、貯蓄をするのは厳しい状況になりそうです。第２子も２年後には小学３年生になります。そして、２人とも私立中学校に進学するとしたら、15年後に第２子が高校に入学するまで、貯蓄がほとんどできないか、取り崩しが続くことになります。

もちろん、中学校までは公立で塾通いはさせないという教育方針でもよいと思いますが、教育方針でそうさせるのと、お金

がなくてそうせざるをえないのとは異なります。考え方はそれぞれですから、家族で話し合いながら、いろいろな可能性を検討してシミュレーションをしてみることが大切です。**子どもが小学3年生になる頃までは、人生の数少ない貯め期です。**この時期は、子どもに関する費用を親がコントロールすることもできますが、小学4年生くらいから徐々に教育費や学校以外の活動費が膨らみ始めます。

それまでにしっかり貯めておけるかどうかによって、教育費のピークを乗り越えたときの家計状況は異なってきます。教育費から解放されたときに、できれば、ある程度の貯蓄を残しておけることが望ましいです。退職金で何とかなればよいのですが、数十年先の退職金がどうなっているのか、今の会社に勤め続けるかどうか、その間元気で働き続けられるのか、あらゆることが未知数です。未知数のものを過剰に当てにすることは危険です。

人生最後の「貯め期」を、余裕を持って迎える

末子が社会人になったあと、仕事をリタイアするまでが人生最後の貯め期です。そ

のため、末子が社会人になったときのあなたと夫の年齢が重要になってくるのです。もし、リタイアまでにさほど年数がないとか、リタイア後も教育費が続くといった場合は、最後の貯め期がないかもしれませんので、なおさら子どもが小さいうちにしっかり貯めておかなくてはなりません。

目に見える貯蓄額だけではありません。現在の厚生年金加入履歴が10年くらいなら、仕事を辞めずに続けていると、55歳時点では30年以上の加入期間になっています。年金保険料を会社が半額負担してくれるのですから、これを手離す手はありません。特に女性の場合、収入が130万円までなら社会保険料を負担しなくていいからと、たやすく離職する傾向にあります。

夫も妻がフルタイムの仕事を辞めると家事や育児の負担が軽くなることから、「それもいいんじゃない」と、半ばホッとしながら賛成するのではないでしょうか。しかし、**妻が扶養の範囲で働くということは、夫に妻の扶養責任がのしかかってくるということです。**妻の老後の年金は国民年金が中心になります。それだけで老後の自活は無理ですから、夫の年金頼みになってしまいます。平均余命を考えると、それが数十年続くのですから、結構恐ろしいことだと思いませんか。

今の「大変」、来年は別の「大変」に——キャリアプランも視野に入れよう

ここまではお金の面からライフプランのシミュレーションをしましたが、こうして想像力を巡らせることによって、「今」の大変さは永遠に続かないことに気づく効果があります。「大変だ」とか「つらい」と思っていても、来年になったら別の「大変さ」や「つらさ」に置き換わっています。時間のない大変さが、いつの間にかお金のやりくりの大変さになったり、限られた時間で自分の仕事を片づけるのに精一杯だった職場での立場が、責任の重い任務に悩んだり、部下の悩みを聞く立場になったりしているかもしれません。

ライフプラン表をながめながら、将来のキャリアも一緒に思い描いてみてはどうでしょうか。 子どもの年齢とも照らし合わせて、子どもが小学生になることを見据えて希望部署に異動願いを出そうとか、別の人事コースにトライしようとか、転職を視野に入れて、そのときまでにどのような準備をすべきかといったキャリアプランを練る

のもいいかもしれません。ほんの少し先を見据えると、職場の風景も違って見えると思います。

ライフプラン表を作成し、貯め期とキャリアプランを明確に

02

何にいくら使っているか、わが家仕様の支出項目を作る

前節では、現在を起点に将来の貯蓄がどのように変化していくかを予測することの重要性をお伝えしました。ただ、毎年の貯蓄額は1年間のお金行動の結果です。共働き夫婦の場合、家計がどんぶり勘定になってしまうケースが多いものです。その理由は忙しさだけではないようです。やりくりしても効果が感じられないとか、お金の話になると険悪な雰囲気になるなど、さまざまな事情があるようです。

単なる記録づけでは終わらせない

最近は、家計簿アプリなど便利なツールが出ています。レシートをスキャンするだけで記録をつけられたり、口座と紐づけたり、分析結果を報告してくれるなど、やっ

一般的な家計簿の支出費目

固定費	住居費
	水道光熱費
	通信費
	税金
	保険料

変動費	食費
	日用品費
	被服費
	美容費
	交際費
	趣味費
	交通費
	教育費
	医療費
	特別費
	雑費

ている気にはなれます。しかし、せっかくのツールが、記録づけだけにとどまっているケースが多いようです。これが「効果が感じられない」という後ろ向きの反応につながるのかもしれません。

何にいくら支出するかは人それぞれ、家計ごとに異なります。支出のクセに合わせた管理をしないと、いくら記録をつけてもお金の流れは見えてきません。

家計簿に採用されている、一般的な支出費目を見てみましょう。この費目に個別性のある支出を当てはめようとすると、何に振り分けていいか悩むとか、やたらと雑費が膨らむといったことになります。

このような費目では、本当の無駄がど

こに潜んでいるか、将来的に家計がどう変化しているかも見通せません。時間のない中で家計に向き合うのなら、効果を感じられるものにする必要があります。そこで、**支出を「シマ」ごとに管理する方法**を提案します。

「シマ」ごと管理でお金の流れを見える化

シマは工夫次第でいろいろ考えられそうですが、ここでは「機能」「人」「行動」の3つの領域に分けて考えてみます。「機能」領域では「暮らす」「住まう」「自動車利用」のシマ、「人」領域では「Aさん」「Bさん」「Cさん」のシマ、「行動」領域では「旅行」「帰省」「趣味」のシマを事例に説明します。

家族全員が暮らすための基本的な費用は「暮らす」シマで括ります。交際費は親戚やご近所とのつき合いのための支出です。生計維持者に万一のことがあったときに備える保険料や、家族が入院や手術をしたときの医療費に備える医療保険は、家計のリスク管理のための費用と考えて「暮らす」シマに入れます。

「住まう」シマには、家賃や住宅ローンといった直接的な支出だけでなく、住まいを

シマごとの費目例

機能	
暮らす	水道光熱費
	食費
	日用品費
	交際費（中元・歳暮・慶弔費）
	生命保険料
住まう	住宅ローン／家賃
	固定資産税／更新料
	火災・地震保険料
自動車利用	自動車ローン／リース
	自動車税
	自動車保険料
	ガソリン代
	駐車場代

人	
Aさん	小遣い
	服飾雑貨
	理美容
	交際費（歓送迎会等）
	医療費
Bさん	保育園／幼稚園
	ベビーシッター
	役員関連
Cさん	学校教育費
	学習塾
	習い事
	交通費

行動	
旅行	交通費
	外食費
	宿泊費
	観光のための費用
	お土産
帰省	ガソリン代／高速代
	交際費（お土産・お年玉等）
	帰省先でのレジャー費
趣味	楽器／書籍／用具等
	月謝／会費等
	外食費（打ち上げ費）
	交通費

一時金で購入している場合はかかった費用を車両費等として可視化しておく

保有することによってかかる固定資産税や、借り続けるためにかかる更新料も入れます。火災・地震保険料は「保険料」としてざっくりまとめるのではなく、「住まう」ために必要な費用としてこのシマに入れます。

「自動車利用」のシマには、自動車ローンやリース代、ガソリン代といった支出だけでなく、自動車税や自動車保険料、駐車場代も入れます。「住まう」の固定資産税も「自動車利用」の自動車税も、別枠で「税金」と括ったのでは、支出の実態が見えなくなります。駐車場代を家賃と同じ枠で管理する人が多いのですが、自動車を利用するからこその費用なので、「自動車利用」のシマでくくります。

次に「人」領域です。家族のそれぞれについて、その人にのみ関する支出をひとまとまりにします。たとえば、「Aさん」シマでは、お小遣いだけではなく、お小遣い以外にAさんのための服飾雑貨や交際費などを括ります。「Bさん」「Cさん」は子どもの例です。保育園や幼稚園の費用、学校教育費などだけでなく、学校や習い事に通うための交通費や親同士のつき合いなどにかかる費用も、その子どものための費用としてシマに入れます。「行動」領域にはそれぞれの家計の個性が表れます。ここでは「旅行」「帰省」「趣味」と3つのシマを事例に挙げていますが、「ライブ」「芝居」など、自由に考えてください。

「シマ」ごとに変化をとらえる

そのシマに関連する支出をすべて入れることにより、「交通費」「外食費」などと括っていたのでは見えてこないお金の流れが明らかになります。これを**月ごとに管理するだけでなく、1年単位でいくらかかっているかを把握しておくことが大切です。**たとえば、妻の産前休業・産後休業（以下、産休）や育児休業（以下、育休[2]）で収入が少なくなる時期、子どもの受験や進学でお金がかかる時期に、シマごと管理をしていると見直しが容易です。毎月のやりくりだけでは見えてこなかったけれど、1年単位で見ると大きな負担になっていることに気づいたりします。

1年に2回の帰省を1回にすると○万円浮く、2回とも止めれば○万円浮くとか、趣味の頻度を抑えると△万円浮くといったことがすぐにわかります。また、どうしても削りたくない支出や削れない支出といった優先順位もつけやすいです。一般的な家計簿では、「固定費」「変動費」とグループ分けをしていましたが、シマごとの管理では、

シマごとに変化をとらえる

賃貸住宅から持家に

賃貸	家賃
	更新料（2年に1度）
	火災・地震保険料（家財・借家人賠償責任）
持家	住宅ローン
	固定資産税
	管理費・修繕積立金（マンションの場合）
	火災・地震保険料（家財・建物）

自動車を保有から必要時利用に

保有	自動車税（年1回）
	自動車保険（年1回）
	駐車場（毎月）
	自動車ローン（毎月）
	車両費（数年に1度）
利用	カーシェアリング
	レンタカー
	タクシー
	公共交通機関利用

子どもの成長による変化

○ちゃん（3歳未満）	保育園
	ベビーシッター
	延長保育
○ちゃん（3歳以上）	給食費
	ベビーシッター
	延長保育
○ちゃん小学生	学校教育費
	学童保育
	習い事
	お小遣い

シマそれぞれの中に固定費と変動費が含まれます。シマによって固定費中心であったり変動費中心であったりしますが、変動費中心のシマは比較的見直しがしやすいシマです。

次に、実際にシマごとに変化をとらえて、見直しをする事例を見ていきます。

賃貸住宅に住んでいるけれど、持家購入を考えている場合、「住まう」シマがどう変化するかをとらえます。よく「家賃並みのローン返済」と謳っていますが、賃貸ではかからない固定資産税がかかりますし、火災・地震保険料も変わります。住まいが変わると水道光熱費や交通費など、その他のシマにも影響が及びます。

持家購入後も必要なだけの貯蓄ができるのか、夫婦どちらかの通勤に悪影響は出ないかといったことも目配りする必要がありま す。共働きをするのに不都合とならない地の利、子育てサポートの手厚さなども大事な要素です。

共働きを断念して失う収入や将来の厚生年金額の減少などを考えると、現役時代は賃貸住まいをするという選択もあります。今後の収入、出産・子育て、子どもの教育など、長い現役時代は不確実なことだらけです。数十年にわたって固定費となる住宅ローンには慎重過ぎるに越したことはありません。

子どもが生まれると自動車を持つのが当然と思う人は案外多いものです。確かに買い物をしたり、病院に連れて行ったり、レジャーに行ったりと、幼い子ども連れでは負担も大きいですから、そう考えるのも無理はありません。「自動車利用」のシマで1年間の自動車利用にかかる金額を計算してみてください。ローンを組まずに貯蓄で購入していると、つい車両費を考慮の外に置いてしまいますが、検討の際には購入時の

費用もしっかり可視化します。

そのうえで、自動車を利用するシーンを思い浮かべてください。月2～3回程度の利用なら、カーシェアリングやタクシーを利用した場合の費用はどのくらいか、そもそも公共交通機関では無理なのかといったことを、夫婦でブレインストーミングのように話し合ってください。

1年間の「自動車利用」の総額を可視化していなければ、最初から「無理」と思うかもしれませんが、結構まとまった金額になることがわかれば、本気で検討しようというモチベーションになるのではないでしょうか。検討の結果、「現時点では必要だ」となったとしても、子どもが小学校に入学したら自動車は手離そうということになるかもしれません。漫然と「保有が当たり前」を疑うことなく何年も支出を続けることは防げます。

「人」のシマでは、たとえば、子どもの成長によって教育費やお小遣いなどがどう変化するかをとらえやすくなります。共働きで保育関連の費用がかさむと、「何のために働いているのかわからない」と感じてしまいますが、永遠に続く支出ではありません。このシマの1年間の総額とその内容を把握することによって、保育関連の費用が減らせる代わりに失う年収の影響を、今だけではなく将来にわたって予測できます。

「自動車利用」「旅行関連」など、
領域ごとに支出を管理

03

情報を共有して話し合える夫婦のやりくり術

本章第1節では、今だけではなく将来を見通すことの必要性を述べました。第2節では、一般的な家計簿の費目ではなく、個々の家計に合わせて、「機能」や「人」「行動」といった領域に分けて「シマ」ごとに管理し、年額で把握することの効果を説明しました。

とはいえ、お金を使う場面は毎日押し寄せます。夫婦で家事を分担していると、それぞれが食材や日用品を購入することも多いでしょう。ひとまず立て替えておいて、あとで精算というのも面倒です。本節では、あまり苦にならずにできそうな工夫を紹介します。

日常的なお金を共同管理する仕組みの例

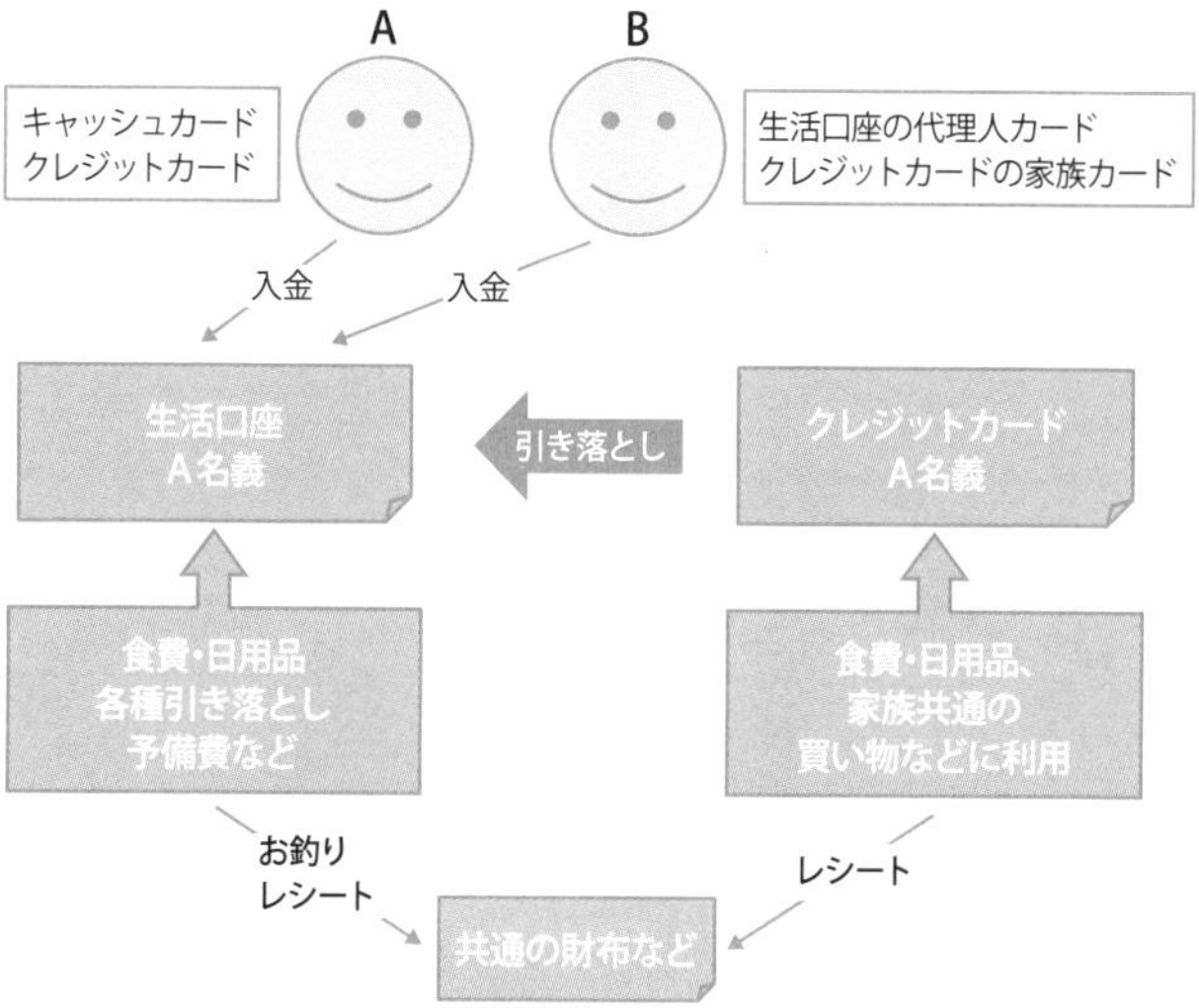

生活口座を作る

まず、**食費や日用品費、家賃や住宅ローン、水道光熱費などの引き落としなどに使う生活口座を開きます。**口座の名義人は1人ですが、名義人と生計を一にしている親族であれば代理人カードが作れます。1カ月分の生活費と予備費の予算を決め、夫婦それぞれの分担額を給料日に振り込みます。分担額は2人で話し合って決めてください。

夕飯などの買い物をするときに

は、この生活口座から現金を下ろして使います。共通の財布などを決めておいて、そこにおつりとレシートを入れるようにします。レシートとおつりで、予算の残額管理もできます。

クレジットカードの家族カードも便利です。口座と同様、名義人は1人ですが、生計を一にする配偶者であれば作ることができます。スーパーでもコンビニでも、ほぼクレジットカードが使えますから、口座から引き出したり、おつりの管理をしたりといった手間が省けます。使ったら必ずレシートをもらって、共通の財布に入れておくのを忘れないようにします。

特別支出費と貯蓄を忘れずに

日常的な費用だけでなく、1年に1回もしくは数回、大きな出費があるかもしれません。それをあらかじめ予算に組み込んでおき、1年間の収入の中で賄えるような仕組みを作りましょう。まず、1年間の特別支出を洗い出して、それらの合計額を12で割って、1カ月分を算出します。それを予備費に加えて、毎月の生活口座の中に入金

1年間の特別支出スケジュールを把握する

1月	正月関連（お年玉など）	円
2月		円
3月		円
4月	火災・地震保険料	円
5月	自動車税	円
6月	固定資産税	円
7月		円
8月	帰省費	円
9月	自動車保険料	円
10月		円
11月	旅行	円
12月	クリスマス・正月準備	円
	合計	円 (A)

（A）÷12カ月＝（B）←毎月の予備費に組み込む

します。毎月の予算の範囲内で生活していけば、自然と特別支出用のお金が貯まっていきます。

忘れてはいけないのが、中長期の貯蓄です。子どもの教育費や老後に向けた貯蓄、不測の事態に備えた貯蓄など、2人で話し合って毎年どのくらい貯めればよいかを決めてください。その際には、ライフプラン表をツールとして活用いただければと思います。あらかじめ貯蓄を確保したうえで、前述の生活費と予備費を配分してください。

年間の貯蓄額が決まれば、どの

ような方法で貯めるかを決めます。勤務先に社内預金制度や財形貯蓄制度があれば、それを利用してもよいですし、会社に制度がなければ、生活口座から毎月決まった日に決まった金額を、自動的に定期預金に振り替えるよう契約をしておくと手間がかからず、知らないうちに貯まっていきます。

お互いの個人的支出は詮索しない

ここまでの仕組みができたら、あとはお互いが何に使っているかはあまり詮索する必要はありません。なぜなら、毎月決まった金額を入金していれば生活費は賄えますし、特別支出額も準備でき、必要な貯蓄も確保できます。あとは、ときどき予算通りにやっていけているかをチェックしたり、1年に1回ライフプラン表を確認したりして、修整が必要ないかどうかを見ていけばいいと思います。

前節では、「人」領域のシマをご紹介しましたが、**夫婦それぞれの支出については、無理に共有しなくても、個々に管理をしていけばよいのです。**「美容」シマ（化粧品、エステ、美容院など）、「趣味」シマ、「通勤」シマ（昼食代やカフェ代など）といった具合です。もちろん、共有の貯蓄だけではなく、自分だけのヘソクリを貯めておくこともお勧めです。

ただし、どちらかが収入減となったり、将来の教育費負担が膨らみそうになったりした場合、拠出金額を変える必要が出てくるかもしれません。そういった不測の事態にこそ、シマ管理が効果を発揮します。それまでの支出に優先順位をつけて冷静に対応してください。

夫婦それぞれの個人的支出は、予算を決めて自由に

04

夫婦どちらかが情報共有に消極的な場合のやりくり術

夫婦の風通しをよくして一緒に考えるのが理想かもしれません。ところが相手のあることですから、ソッポを向かれてしまうと一筋縄ではいきません。ご夫婦そろって、あるいは結婚を控えたカップルが相談に来ることもあるのですが、合意のもとでやってくるパターンと、嫌がる相手を無理矢理引っ張ってくるパターンがあります。嫌々ながらも、一緒に来ていただければ、ひとまずスタートラインにはつくことができますが、どちらか1人でやってくるパターンだと、相談内容を共有できているかどうかが気になります。

嫌がる相手を無理矢理FP（ファイナンシャルプランナー）相談に引っ張り出すのも、家計と向き合い、将来に備えて貯蓄をしようとしてのことだと思います。決してFPに説教をしてもらうのが目的ではないはずです。相手の興味のツボを探して、何とかソッポ状態を回避する工夫をしましょう。

反射的な防御本能かも

夫がお金の話を避けたがるのは、「小遣いを減らされる」とか「稼ぎの少なさを責められている」と身構えるため、妻がFP相談に消極的なのは、「家計管理のまずさを指摘されるかも」と腰が引けるためであることが多いようです。実際、妻が家計簿をつけることすら嫌がる夫もいますし、反対に、赤字であることを夫にいえなくて1人で悩む妻もいます。まずはそのような疑心暗鬼や秘密主義を回避し、情報をオープンにして事実を把握することが先決です。

とはいえ、なかなか情報が共有できないのは、自分のお金の使い方に口出しされたくないとか、家計に抱いている「赤字黒字に一喜一憂してもしょうがない」「なんだかミミッチイこと」というイメージのためかもしれません。

そのような防御本能を解体するためには、「夫婦なんだから

平等に家計運営にかかわるべき」といった「べき論」は、ひとまず引っ込めましょう。「必要なときに必要なお金が出せるように」「将来もできるだけ自由にお金が使えるように」ちょっとだけルール作りをしようというところからスタートです。

たとえば、子どものための支出は厭わないという相手なら、子ども関連の支出と教育費積立を中心に割り振るなど、夫婦それぞれの担当領域を決め拠出額を確定します。**それぞれの譲れない部分に折り合いをつけつつ、必要なお金が確保できる仕組みを作ります。**それ以外は自由に使っていいことにし、あとは粛々と実行できるようにします。

ただし、相手が興味を持つかどうかにかかわらず、1年に1回、ライフプラン表をもとに進捗状態を報告することだけは実行してください。2人でスタートラインに立つことさえできれば、少しずつ望ましい展開に持っていける可能性は高まります。

年齢構成の変化と子どもの教育費をリンクして考えることによって、夫婦単位での今後の収入の見通しを話し合うことにもつながるかもしれません。同じ会社に勤めていない限り、お互いの人事体系などはわかりません。教育費がピークになる年齢と、収入が減少する年齢とが重なることに気づいたり、相手が自分の収入より少なくても、その収入があるからこそ、家計が回っていることに気づいたりします。このような話し合いができるようになれば、2人で問題点の洗い出しを行って、危機感を共有することができ、将来のピンチを回避する手段を考えることも可能です。

ともに同じ方向を向いて、手を取り合って家計運営に携ることをあるべき姿ととらえる人には、多少の不満が残るかもしれません。また、「なぜ自分だけが」と理不尽さを感じるかもしれません。しかし、これからもともに生活していこうと考えるなら、うるさがられたり、ソッポを向かれたりしてはもとも子もありません。そもそも人が考える「こうあるべき」は普遍的なものではなく、その人自身の価値観であるため、相手を納得させるのに十分なものではありません。

多少時間がかかっても、ゆっくり協力体制を築いていけるような工夫をしていきましょう。家族の旅路は長いのですから。

必要なお金を確保したら、残りはおおらかに

05

毎年必ず決算をし、次年度の予算を立てる

赤字を解消したいとか、貯蓄を増やしたいと思って家計簿づけなどをしていても、それが単なる記録づけにとどまっていると効果が感じられず、モチベーションが下がります。本章では、ライフプラン表を作成して中長期の目標を設定し、「今」を延長していった先に目標は実現できるのかを予測する方法をお伝えしました。

次に、中長期の目標を実現するためには、今の家計をどのように回していけばよいかを、具体的な手法も交えながら紹介しました。そして、1年に1回、ライフプラン表の進捗状況を確認することが大切であることもお伝えしました。

家計をPDCAサイクルで回していこう

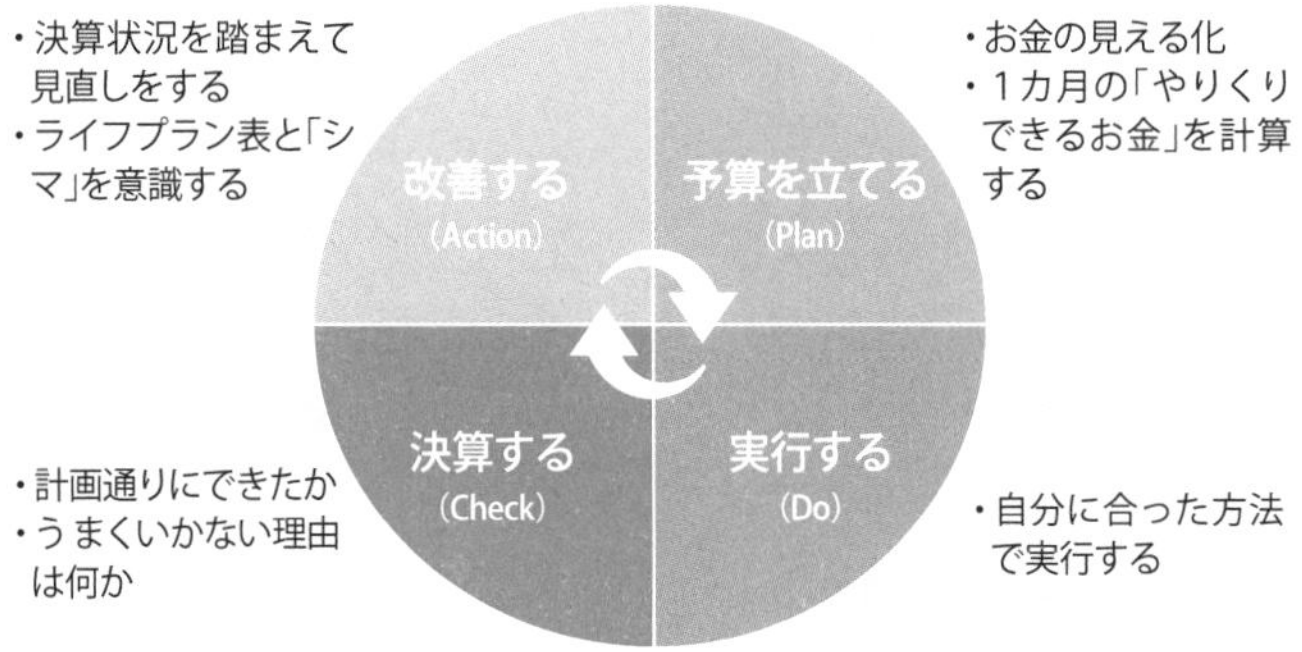
・決算状況を踏まえて見直しをする
・ライフプラン表と「シマ」を意識する
改善する
（Action）
予算を立てる
（Plan）
・お金の見える化
・1カ月の「やりくりできるお金」を計算する
決算する
（Check）
実行する
（Do）
・計画通りにできたか
・うまくいかない理由は何か
・自分に合った方法で実行する

PDCAサイクルで家計を回す

家計管理は、毎年決算をして次年度の予算を立てることが重要で、やりっぱなしでは効果が感じられませんし、将来につながっていきません。つまり、家計をPDCAサイクルで回すということです。

貯蓄と特別支出額を考慮した毎月の予算を立て、支出をシマ管理してお金の流れを見える化し、ライフスタイルに合わせた無理のない方法で実行して、1年が終わったら決算をします。

決算とは、計画通りに実行できたかどうかを確認し、実行できなかった場合はその原因を探ることです。ライフプラン表と照らし合わせて、改善点などを検討し、次年度の予算策定につなげます。

大変そうに感じるかもしれませんが、大枠のルールを決めてしまえば、それにしたがって行動し、ときどき修整をしていけばよいのです。本章で示した方法を参考に、それぞれの家庭に合ったやり方を工夫していただければと思います。

1年に一度ライフプランを夫婦で確認

「稼ぎの少ない妻が家事をするのは当たり前だろう」——家計を事業運営のように見える化することで妻の稼ぎの重要性を認識させる

無償労働の多くは、人が生きるために必要な生活上の仕事であり、衣食住の調達や維持、管理のための仕事、および次世代育成役割を担う労働です。すなわち、体調を整えるために栄養バランスを考えた食事を摂ること、清潔な衣服を身につけるために洗濯をすること、衛生的な住環境を守るために掃除やゴミ出しをすることなど、人としての基本的な営みです。

これらが適切に行われることにより、人々は継続的に有償労働に携わることが可能になります。家事は、男性か女性か、独身か既婚かを問わず、日常生活を健全に送るために不可欠のものなのです。そのことに賃金の多寡は関係ありません。

雇用されて働く夫婦の労働時間

			仕事関連	家事関連	合計
保育園等在園時間	5～7時間	夫	531分	92分	623分（10時間23分）
		妻	249分	349分	598分（9時間58分）
	8～10時間	夫	522分	100分	622分（10時間22分）
		妻	352分	306分	658分（10時間58分）

（注）6歳未満の子を2人以上持つ共働きの父親と母親の仕事と家事関連時間（週全体平均）
（出所）総務省「社会生活基本調査――生活時間に関する結果」（2016年）

1日10時間以上労働している共働き夫婦

保育園に子どもを預けて働く夫婦は、夫も妻も有償無償を合わせて1日平均10時間を超える労働を行っています。しかし、保育園の送迎や家事などの無償労働は妻が中心に担っていることは、データからも明らかです。

時間には限りがありますから、妻の有償労働が増えると無償労働に充てる時間は減ります。「男は仕事、女は家庭」という固定観念が根強い日本において、家事や育児に十分な時間がかけられないとき、男性は罪悪感を持つことが少ないのですが、女性は後ろめたさやストレスを抱えてしまいます。

たとえ後ろめたさを感じなくても、時間に追われながら有償労働と無償労働の両方をこなしているわけですから、当然疲れます。ところが、「家事や育児なんか、たいした仕事じゃない」とか「喜んでしているんだろう」との思い込みが夫にあると、そのこと自体に理不尽さを感じ、ストレスになります。

妻の収入の効果をシミュレーションで示す

もし、妻が仕事を辞めるとか、正社員からパートになるという選択をした場合、どんなに賃金格差があろうとも、妻が手離した年収分を、夫が新たに稼ぎ出せるわけではありません。つまり、家庭における売り上げが激減するのです。企業経営なら大騒ぎの事態です。

２００万円を稼いでいた妻がパートタイマーになって年収１００万円になれば、１００万円の売り上げ減、３００万円から１００万円になれば２００万円の売り上げ減です。

子どもの手が離れるまでといっても、手が離れたときに自分の望む条件の仕事が手に入るとは限りません。30歳の人であれば、60歳まで下がった収入のまま働くと仮定すると、３０００万～６０００万円の損失です。たとえ年収減の時期が10年だったとしても、１０００万～２０００万円の損失です。

老後の年金にも差が出ます。ずっと正社員で働いた場合に受け取れる年金と、第3号被保険者となった場合に受け取れる年金額は異なります。40年に及ぶ現役時代、そのあとに控える20～30年の年金時代。その決断による影響は一生続きます。

現在、定年年齢として最も多くの企業が採用している60歳までの37年間、正社員として働いた場合、女性の平均給与[3]を基に計算すると、65歳から受け取れる年金額は約155万円です。一方、正社員の期間が20年間で、残りの17年間が第3号被保険者だった場合の年金額は約84万円となってしまいます。[4]

想像力を駆使し、ライフプラン表を基に長期的視野に立って生活設計を考えてみてください。そうすれば自ずと、夫が毎日30分でも1時間でも無償労働に充てられる時間を増やし、妻の負担を減らして売り上げ減少を予防することが合理的選択であるとの結論に至るのではないでしょうか。

話の持っていき方は重要

ただし、子どもの頃から「男は仕事、女は家庭」という規範意識を植えつけられている場合、理屈で納得させようとしても、かえって頑なになってしまい、話し合う余地がなくなる可能性があります。そのため、話の持っていき方には工夫が必要です。

ともに正社員で働く夫婦から相談を受けたときのことです。妻は時間に追われる今の生活が、精神的にも身体的にもきついと考えていました。仕事を辞めて家事・育児に専念することや、パートに転換することを検討していて、今後の生活は大丈夫かを確認したいという相談でした。

そこで、ライフプラン表を使ってシミュレーションをしてみたところ、妻の収入が減少することにより、今の生活を相当縮小しなくてはならないことが判明しました。夫のお小遣いが少なくなるとか、旅行などにもなかなか行けなくなりそうとか、子どもの教育費や自分たちの老後にまで影響が及ぶことを見える化したのです。

すると、相談前は仕事を辞める気満々だった妻も、妻の収入がなくなっても何とかなるだろうと思っていた夫も、今の収入を維持するための方策を考えようという気になりました。そして、長時間労働の夫が今より30分早く帰宅できないかとか、平日はなかなか無理だけど、休日は一緒に家事や育児をして妻の負担を軽減するとか、実行可能な方法を話し合うことができました。

ただし、10時間以上の労働時間をこれ以上増やすのは健全ではありません。家庭経済の将来像を夫婦でしっかり共有したうえで、有償労働をもっと効率よくこなせないか、あるいは限られた無償時間をより有効に使うための工夫がないかなど、知恵を絞って生活スタイルの見直しにつなげられるようにしましょう。

女性の賃金の低さは女性の責任ではない

ところで、確かに女性の賃金は男性より低いのが一般的ですが、この格差は女性の能力が低いためではなく、女性が家庭役割を担う前提があるためです。企業は女性の離職率が高いことから、女性には難易度や重要性が低い業務、定型的な業務を割り当て、賃金を抑えて離職によって被るコストを軽減しています。結果として、そのような予防策を立てることが逆に離職を促すという「予言の自己成就[5]」を引き起こしているのです。

男性の高賃金は、女性の低賃金の上に成り立つものです。労働力人口が減少する日本において、能力ではなく性別によって、労働の質ではなく労働の量によって賃金を決定する不合理はいずれ解消に向かわざるをえないと思われます。ということは、長時間労働、滅私奉公を前提として、男性に家計責任を集中させるやり方はリスクが高いといわざるをえません。

女性管理職比率の向上に取り組むカルビーの伊藤秀二社長は「女性に下駄を履かせているとの批判があるが、もともと下駄を履いていた男性に脱いでもらっただけ」と発言して話題になりました。[6]

［注］

1 厚生労働省「令和元年簡易生命表」

2 「育児休業、介護休業等育児又は家族介護を行う労働者の福祉に関する法律（育児・介護休業法）」によって定められ、企業規模にかかわらず、すべての事業主に義務づけられる最低限の制度を定めるもの

3 国税庁「令和元年 民間給与実態統計調査」

4 週刊東洋経済Plus「年金シミュレーション」をもとに計算

5　大沢真知子・盧回男（2015）「第1章　M字就労はなぜ形成されるのか」『なぜ女性は仕事を辞めるのか——5155人の軌跡から読み解く』岩田正美・大沢真知子編著、日本女子大学現代女性キャリア研究所編、青弓社

6　『朝日新聞』2016年10月3日

第2章

ステップ2：家事で今すぐできる5つのこと

01

家事をすべて洗い出し、家事の現状を共有する

「夫には家事のスキルがない」とか「夫が家事をするとかえって手間がかかる」といった話をよく聞きます。夫に手を出させるより、自分でやったほうが早いと考える人は多いと思います。

朝起きて、歯を磨き、身支度を整えて、食事をとること。掃除や洗濯、ゴミ出しといった一連の家事、このような日常をおろそかにすると、衛生状態や栄養状態が悪くなり、健康を害したりします。稼ぐための仕事も大事ですが、暮らしの基盤である家事力が保たれてこその仕事です。

しかし、家事を女性の役割と考える傾向は、未だに根強いといわざるをえません。実際、男性と女性では親や周囲から期待されることが異なり、育てられ方も違っているという調査結果もあります。[1] 一般的に、かつて男性は「稼いでナンボ」と育てられ、

家事ができるようには育てられていませんでした。そのため男性が家事に苦手意識を持ったとしても不思議ではありません。

リスク管理のためにも家事力分散

ただ、家事力は性差というより個人差が大きく、上手な人もいれば苦手な人もいます。苦にせずできる人もいれば、ストレスを感じる人もいます。「私は家事が好きだから夫に分担してもらわなくていい」という妻もいることでしょう。

しかし、**好きだからといって、家事を独り占めして夫や子どもに手を出させないのは、あまりうまいやり方ではないと思います。**人の考えは時間とともに変わります。だんだん家事を負担に感じるようになるかもしれません。あるいは、病気やケガで家事ができなくなることがあるかもしれません。

Dさんが風邪で寝込んでいたときのこと。夫から「心配しないで。僕は外で食事して帰るから、安心して休んでいて」と優しい声で電話がありました。Dさんは、「私だってお腹がすくわよ」と、そのことに思いが至らない夫に絶望し、脱力したといいます。

定年後、子どもが巣立ち、夫婦2人だけの生活になったとき、妻だけが家事をやることに何の疑問も持たない夫の世話を、毎日続けることを想像してみてください。現役時代だと夫婦一緒の時間は限定的ですが、定年後、2人だけの時間と妻の負担は増すばかりです。

妻が心身に変調をきたし、夫から「妻が壊れた」と戸惑う声もしばしば聞きます。まったく家事をやってこなかった夫には、その大変さが想像できないようで、「自分も皿洗いをやっているのに」と首を捻るばかりです。

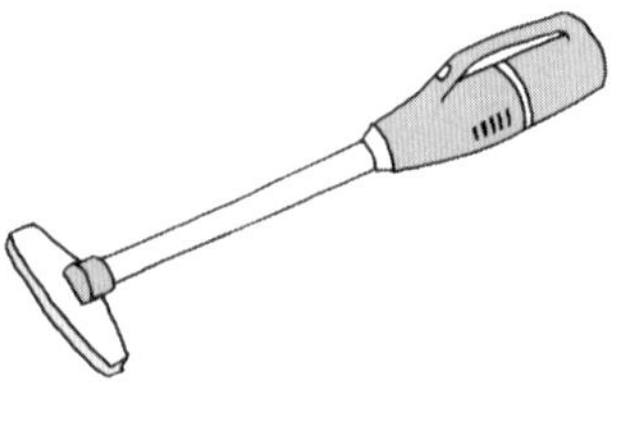

「夫と一緒に成長すべきだった」と後悔を口にするのはEさん。フルタイムで共働きを続けてきました。「自分でやったほうが早い」「面倒くさい」と、ほとんどの家事・育児を1人でやってきました。夫は少し年が離れており、そろそろ定年を迎えます。それを機に、夫に家庭内のことを任せて思いっきり仕事をしたいと夢想するものの、今さら無理だろうとも思っています。

このような将来を迎えないためにも、リスク管理のためにも、夫婦そろって家事力を身につけておくのが賢明です。夫も妻も、ともに家庭領域の当事者となることで、「今」だけではなく「将来」にわたって、お互いの自由を獲得することにつながるのです。

いずれにしても、やらなくてはいけないからやるのが家事です。あまり深く考えずに、淡々と2人で分担して、時間と心のゆとりを作り出すほうが、家庭内がギスギスしなくて済みます。

慣れるまでは家事スケジュール表で「名もなき家事」も「見える化」

阿吽の呼吸で、お互いに補い合いながら、家事をこなしていけるのは理想ですが、最初からそのようにできる家庭はあまりありません。また、明確なルールがなく、何となく分担していると、どちらかの負担が大きくなる可能性があります。**まず、家事の現状把握として、あらゆる家事を書き出して、情報を共有するところからスタートです。**

掃除系	洗濯系	その他
トイレ 洗面所 リビング 寝室 玄関 ゴミ出し	洗濯機を回す 洗濯物を干す	カーテンを開ける ベッドメイキング 新聞を取る
風呂洗い 風呂沸かし ゴミの分別	洗濯物を取り込む 洗濯物をたたむ 洗濯物をしまう 脱いだ服を分別	郵便物の整理 カーテンを閉める

掃除系	洗濯系	その他
トイレ 洗面所 リビング 玄関 各室 風呂洗い 風呂沸かし ゴミの分別	洗濯機を回す 洗濯物を干す 洗濯物を取り込む 洗濯物をたたむ 洗濯物をしまう 脱いだ服を分別	カーテンを開ける ベッドメイキング 新聞を取る 日用品の買い物 カーテンを閉める クリーニングを出す クリーニング受け取り

掃除系	洗濯系	その他
換気扇 エアコン 窓ガラス 庭・ベランダ	カバー類 カーテン	ボタンつけ 季節ものクリーニング 電化製品等の買い替え

家事スケジュール表の記入例

平日	食事系	子の世話系
起床 出社・登園登校	朝食作り お弁当作り 後片づけ 夕食の準備	起こす 着替えの手伝い 歯磨き 登園・登校準備 連絡帳の記入 園への送り
退社 就寝	食材の買い物 夕食作り 後片づけ	園へのお迎え 食事の世話 風呂に入れる 翌日の準備 歯磨き 絵本の読み聞かせ 宿題のチェック、丸つけ 学校や園のプリントチェック

休日	食事系	子の世話系
起床 就寝	朝食作り 後片づけ 昼食作り 後片づけ 夕食作り 後片づけ 食材の買い物	食事の世話 風呂に入れる 翌日の準備 歯磨き 爪切り 絵本の読み聞かせ 公園に連れ出す あそび相手になる 宿題のチェック、丸つけ

不定期	食事系	子の世話系
	食事の作り置き 食材の取り寄せ	耳掃除 定期健診 予防接種 園・学校行事 呼び出し対応 靴洗い 衣服の調達、記名

漏れをなくすために、平日と休日に分けて、行動パターンを辿りながら書き出すのがお勧めです。次に、毎日ではないけれど、不定期にやっている家事を書き出します。その際には、「食事系」「子の世話系」「掃除系」などにカテゴリー分けすると把握しやすいです。

事例の表に記載した家事は、あくまでも「見出し」だと思ってください。それぞれの見出しの背景には、細かい行程があるはずです。たとえば、掃除系の「トイレ」には、洗剤をどこにかけるか、ブラシを使うのはどこで、水拭きはどこでといった行程、洗濯系の「洗濯機を回す」には、洗濯物による洗剤の使い分けや柔軟剤を使うかどうかなどの行程があります。面倒ですが、これらも含めて共有してください。

書き出した家事を共有したうえで、誰が担当するかを振り分けます。担当を固定したほうがよいのか、日替わりや週替わりにするのか、その組み合わせなのかなど、実情に合わせて、2人で話し合いながら進めていきます。

しかし、なかなか家事に前向きになれない夫もいるのではないでしょうか。苦手意識が先に立って、思いっきり腰が引けているのかもしれません。そのような場合、スキルをあまり必要としないところから始めてはどうでしょうか。

家庭内マウンティングは慎もう

妻は自分がいかに完ぺきにやっているかをアピールするため、夫の家事にダメ出しを連発したり、夫はほんの少し手伝った程度でドヤ顔をして妻の不興を買ったりするなど、ついついやってしまいがちなのが家庭内マウンティングです。

モヤモヤ、イライラを言語化しないまま、お互いに不機嫌オーラを出していたのでは、家庭は安息の場どころか修羅場になってしまいます。夫婦であっても別人格。好き嫌いの感情や、「よし、完ぺき」と感じる程度も、気になるポイントもまちまちです。**1週間もたてば忘れるようなことであれば、とっととスルーして、「気がつかなかった」「さすが」などとほめましょう。**

とはいえ、「ここはスルーできない」と感じることがあるかもしれません。家族として暮らすうえで、ここは譲れないと思ったときは、自分が抱えるモヤモヤやイライラを、できるだけ具体的に、たとえば、相手の言動に対してどのように感じたか、理解してほしいことはどのようなことかなど、落ち着いて伝えるようにしてみてください。

気力、体力、時間には限りがあります。本当に大事なことに集中できるように、優先順位をつけながら、できるだけ快適に過ごしましょう。

まずは家事をすべて「見える化」

02

衣類乾燥機、食器洗い乾燥機、ロボット掃除機で時間の節約をする

とにかく**「家事はシンプル化する」**に尽きます。前節で書き出した家事のうち、便利家電の活用で家事をシンプル化できるものがないかを検討してはどうでしょうか。

食器洗い乾燥機の利用で年間約1万8000円の節約

フルタイム共働きで子どもが3人というFさん宅の朝は、衣類乾燥機が唸りを上げ、食器洗い乾燥機（以下、食洗機）が回り、ロボット掃除機が徘徊しているそうです。床に物を置かないことと、最後に家を出る人が、3点セット（衣類乾燥機、食洗機、ロボット掃除機）の稼働を確認して出かけることを、家族共通のルールにしているそうです。

食洗機は設置場所に制約がありますが、一度使った人は手離せないと感じるようで

す。気になるのが水道光熱費などのランニングコストですが、3人以上の家族の場合、手洗い時のコストと比較すると、食洗機のほうが抑えられるというのが一般的な見方[2]です。

ただし、手洗い時にお湯を使うか使わないか、流しっぱなしにするかしないかなどによってコストは異なりますので、正確な比較は難しいです。まとめて洗うときは食洗機を利用し、グラス1個だけといった場合は、使った人がサッと手洗いするのがコツです。

スキルや天候に左右されずストレスからの解放

食洗機のメリットは、何より時間を節約できること。食器洗いにかけていた時間を別の家事に振り向けることができます。食洗機は高温のお湯で洗浄して乾燥させるため、除菌効果もありますし、洗う人によってでき上がりに差が出るということが防げます。人の洗った食器を洗い直すといった手間が省け、ストレスからも解放されます。

全自動洗濯機はもはや当たり前ですが、衣類乾燥機があれば「干す」「取り込む」の作業がカットできます。天候に左右されないため、日中留守にしている人にとってはありがたい存在です。ドラム式洗濯乾燥機なら、洗濯から乾燥まですべてが自動です。

まだ温かいうちに取り出して、シャツやハンカチを広げて、手のひらをシュッシュッとアイロンのように滑らすと、案外パリッときれいになるものです。「必殺手アイロン」でシワが伸びるような素材の衣類を選ぶことも、家事省力化の1つです。アイロン不要の素材でできたワイシャツなどは、そのままハンガーにかけてクローゼットに仕舞えばいいので、手間がかかりません。

また、ロボット掃除機は、床のゴミを吸い取るものだけでなく、水拭きや窓拭きができるものまであります。

便利家電を利用することで、家事の分担もやりやすくなります。家庭の状況に応じて、利用できそうなものから取り入れてみてはどうでしょうか。

便利家電で時間を生み出す

03

食材の宅配や外部サービスの利用で時間の節約をする

夫に分担させるとかえってストレス、かといって妻がすべてを担うのはしんどい。このような場合、ストレスが大きい領域や手間を省きたい部分に絞って、外部サービスを活用することを考えてはどうでしょう。

食材の宅配で食事作り行程を安定化

最も導入しやすいのは、食材の宅配です。ネットで注文できるスーパーもありますが、1週間に一度届けてくれる宅配サービスがお勧めです。翌週の予定をもとに粗い献立案を頭に描き、1週間分の必要な食材をカタログから選んで注文をします。注文した食材が決まった曜日に届くので、その範囲で生活することを基本とし、牛乳など、冷凍ができず鮮度が重要な製品を買い足す程度にしておけば、買い物や献立にかける時間を短縮できます。食のベース部分は、できるだけルーティンで確保できるようにしておきましょう。疲れていたり時間がなかったりしたときでも、何らかの食べ物は口に入るようにしておくことが、安定と心の平穏を生みます。

休みの日などに、次回の注文の内容を夫婦で相談しながら決めると、献立作りと買い物の過程を共有することにつながります。そうなると、食事作りというタスクに向かうハードルは下がるかもしれません。

もっと手間を省きたいという人には、あらかじめ用意された複数の献立コースに基づき、必要な食材（ミールキット）を届けてもらえるサービスや、さらに調理済みの食事を届けてもらえるサービスもあります。

少し値は張りますが、**1週間分の作り置き料理を作ってくれるサービスもあります**ので、検討してみてはいかがでしょうか。

「よき家庭」より「楽しいわが家」

このようなサービスを利用すれば、手抜きをしつつ、食卓はバラエティに富むという、一石二鳥の効果が得られます。省力するほどにお値段も高くなりますから、お財布と相談しながらにはなりますが、日々のストレスが軽減でき、仕事を継続できるのであれば、必要経費と考えてもよいのではないでしょうか。何はともあれ、収入を維持することを優先させましょう。

そもそも、**「手の込んだ料理を食卓に並べるのがよき家庭」との思い込みを手離すことも必要です。**料理研究家の土井善晴さんは、具だくさんの味噌汁を中心とした一汁一菜の食事を提唱しています。よき家庭像への思い込みが「自縄自縛の高いハードルを設けてしまっている」と話します。[3] 無理をして多くの料理を食卓に並べても、時間に追われて「早く食べなさい」と子どもを急かしたのでは本末転倒です。一汁一菜でも、みんな

でおしゃべりをしながら楽しく食卓を囲めるほうがよいでしょう。

掃除の外注でプロの技術を導入

掃除の外注、すなわちハウスクリーニングの利用もお勧めです。しかし、料金が高めなのと、家の中に他人を入れたくないという心理が働き、なかなかハードルは高いようです。しかし、一度利用してみると、プロ仕事の完成度の高さに魅了されます。

まずは窓ガラス拭きと水回り（風呂場とキッチン）など、負担が重い部分に絞って利用を検討してはどうでしょうか。普段は見苦しくない程度の掃除をしておき、3カ月に一度くらいの頻度でハウスクリーニングを利用して、プロの力でピカピカにしてもらうのもよいでしょう。

ハウスクリーニングは、会社によってサービスや料金体系はさまざまです。スポット利用も定期利用もできるところがほとんどですが、定期利用の場合、頻度によって料金が変わります。複数の業者にあたって、比較検討してみてはどうでしょうか。

「窓ガラスが汚れている」とか「換気扇を掃除しなくちゃ」とか、気になりながらも手をつけられないというのは、本当にストレスが溜まります。**ルーティンでは手薄になりがちな掃除を外注するのは、ストレスなく日々を過ごすのに有効な選択肢です。**

地域のシルバー人材センターで家事援助や庭の手入れなどを行っている場合がありますので、あわせて確認をするとよいでしょう。

ミールキットの宅配や掃除の外注もあり

04

シンプル家事術で夫も子どもも戦力化する

世話をされるばかりだった子どもも、成長とともに自分のことは自分でできるようになります。できる範囲で少しずつ役割を担ってもらい、**家族全員を家事の戦力にしましょう。**そのためにも、これまでに述べたような家事のシンプル化が不可欠です。

担当領域の物品調達から在庫管理まで

また、家事には難易度に差があります。比較的簡単にできる家事が風呂場掃除、難易度が高いのが食事作りではないでしょうか。夫に「味噌汁を作っておいて」と頼んだら、台所中に物が散乱して大変なことになったという人もいます。苦手意識のある家事はあと回しにして、「これならやってもいいかな」と思える領域から入り、その領域については物品調達から在庫管理まで、一切を担当してもらうという方法があります。

たとえば、風呂場掃除の担当であれば、単に風呂場を掃除するだけでなく、掃除用具から洗剤、シャンプー、コンディショナー、石鹸等の調達まで、すべてを担います。平日は毎日帰りが遅く、まとまった掃除ができないのであれば、入浴後、洗い場の壁や床、鏡などを洗剤なしでよいので、ブラシやスポンジで磨いてから出てくることを習慣にします。休みの日に、いつもはやらない部分もしっかり掃除をし、在庫管理も行います。

次のステップは、風呂場と親和性の高い洗面所です。洗面台や鏡、棚などをきれいにし、歯ブラシや歯磨きなど、共用する備品の調達と在庫管理を行います。担当者の仕事がスムーズにいくように、個人の備品はそれぞれカゴや小さなビニールバッグなどにまとめて、収納スペースに保管しておくと、担当者のストレスを大幅に減らせます。

このように、担当領域を決めて家事をすることにより、自分の担当以外の領域の家事であっても、そこを担当する家族へのリスペクトや思いやりが生まれます。担当制が軌道に乗ってきたら、定期的に担当領域をローテーションしてはどうでしょうか。一通り経験しておくことで、できない家事がなくなりますので、だれかが家事のできない状態になったときも、何とか日常生活を回すことができます。また、こだわりや気づきのポイントはそれぞれ異なりますから、掃除するときの死角がなくなったり、思いがけない創意工夫やアイデアを発見できたりすることがあります。

食事作りはタスクとマネジメント

家事の中で最もハードルが高いのは、毎日の食事作りです。子どもの世話や掃除は苦にならないけれど、食事作りは苦手という人は意外と多いようです。食事作りの前段階では、食材を調達（買い物）します。その最中には無意識のうちに記憶や過去の経験を動員し、家族の好みを思い浮かべながら、店頭に並ぶ購入可能な食材を確認します。さらに、この先の家族の予定を考慮しつつ、総合して今何が必要かを明確化させるという複数の思考を、同時進行で行っています。すなわち、作業（タスク）だけでなくマネジメントが存在するのです。[4]

実は、ここに「夫には家事のスキルがない」とか「夫が家事をすると、かえって手間がかかる」と考えてしまう秘密があります。作業としての家事に従事する夫が増えても、マネジメントの多くは妻が担っており、作業だけを夫に分離するという困難を求められてしまうためです。

マネジメントは目に見えない活動だけに、その困難を男性に提示して理解させることが難しく、「自分1人で全部やってしまったほうが楽」と考えてしまうのです。[5]そのため、**風呂場や洗面所の掃除など、やりやすい領域でタスクとマネジメントの双方を経験するところからスタートすることがお勧めです。**

子どもの成長に合わせて少しずつ権限移譲

また、リビングや風呂場、洗面所などの共有スペースは、物を置きっぱなしにしないとか、自分が使ったカップなどは洗って片づけておくなど、誰が担当になっても余計な負荷をかけないようなルール化も大切です。

自分以外の人の持ち物が散乱していると、やる気がそがれるだけでなく、時間もかかってしまいます。サッと掃除機をかけられたり、すぐに仕事に取りかかれるように保っておいたりすることが、自分以外の担当者への礼儀です。

子どもが小さい間は、単独で任せることは無理かもしれませんが、せめてルールだけは守るように約束させます。そのうち、ペアで担当して練習をしていき、徐々に１人で担当領域を持てるようにステップアップしていきましょう。外注している部分をお小遣いつきでやってもらうのもいいかもしれません。

家事は子どもの脳トレにもなる

中学生くらいになれば、ハードルの高い食事作りもできるようになります。材料を切り、調味料を使って、煮たり、焼いたり、揚げたりする作業は、理科の実験のようでもあり、あと片づけまでの段取りは脳のトレーニングになります。家族が喜んで食べてくれれば、子どもの満足度も高まります。

掃除は普段使わない筋肉を使うので、いい運動になります。上から下へ、ホコリを落として掃除機で吸い取ったり、素材によって重曹やクエン酸を使うなど、思考力が試されます。きれいになると達成感がありますし、部屋を散らかさないように気をつけたり、入浴後は自分の髪の毛をゴミ箱に捨てたり、汚れを軽く流して出るなど、他の担当者への思いやりも生まれます。自分で掃除をしないと、どれほど自分が汚しているかに気づくこともできません。

家事を分担することにより、子どもはお客さんではなく、家族というチームの一員であることを自然と学んでいきます。そして、身近なことから、自分の力で考えて物事を決める訓練を積むことになるのではないでしょうか。

家族はお互いが最強の応援団

折に触れて、仕事は生きるために不可欠であることや、仕事の楽しさや厳しさ、ときには恥ずかしい失敗談なども子どもに話して聞かせてもいいのではないでしょうか。年齢によって、どこまで理解できるかはわかりませんが、親にとって仕事が大切なものであることは感じ取ってくれると思います。

親としては、子どもに話して聞かせる以上、ちょっと格好をつける部分があるかもしれませんが、そのことによって、親自身も自分を相対化するよい機会になります。子どもは家庭内で見せる顔とは別の顔を親が持っていることに気づきます。親が困らないように、一肌脱ごうという気にさせる、緩やかな交渉にもなるかもしれません。

親が率直に自分のことを語れる雰囲気があれば、子どもも安心して自分のことを話せるのではないでしょうか。**子どもの話を聞くときは、いいとか悪いとかの評価はせず、ひたすら聞き役に徹する**よう心がけ、どんなときでも家族はお互いがお互いの応援団であることを伝える機会にしたいものです。

とはいえ、余裕のない毎日で、焦りが伝わってしまうことはあります。親も欠陥だらけなので、試行錯誤を重ねながら、少しずつ軌道修正するしかありません。そのような積み重ねが、家事の戦力化をスムーズに形成することにつながります。

家事は家族全員で。子どもの「生きる力」も育める

05

平日に自由になる時間を確保して消耗した心を回復

子どもが生まれると、それ以前の生活が一変します。仕事も余暇も自分のペースでやってこられたものが、子ども中心に回らざるをえなくなります。

決して仕事が嫌なわけではなく、楽をしたいわけでもないけれど、ケアなしでは生きていけない存在がいるのですから、仕事は早々に切り上げなくてはなりません。

また、仕事以外の領域での活動、たとえば趣味や学習などに使っていた時間は大幅に縮小するか、まったくなくなってしまうかもしれません。一方、家庭領域での時間は増大します。特に女性は、周囲から母親の役割を求められたり、自らよい母親であろうとしたりするため、自分のことはあと回しにしがちです。

子育て期は親自身の生涯キャリアの基礎作りと重なる

子育て期は、親の職業人生においての基礎作り、修業の時期と重なることが多いものです。その期間にどれだけ豊かで深い経験をできるかが、その後の職業人としてのキャリアの厚みにつながっていきます。

自分の仕事を持つということは、夫にとっても妻にとっても、人生の重要なパーツであり、どちらか一方の仕事だけが重要というようなものではありません。人は誰でも、「生涯を通じて学ぶ」存在であり、「生涯を通じて学び続ける」機会を保障されるべき権利主体[6]です。

「ワーク」と「ライフ」を分離させたうえで、いかに二者間のバランスを取るかを問うのではなく、1人の個人の中で融合させる[7]ことを、夫婦で協力して目指すことが、お互いの人生を豊かにするのではないでしょうか。

本章では、家事をシンプル化し、家族全員で担うための方策をお伝えしました。しかし、もっと積極的に副産物を生み出す工夫をしてはどうでしょう。たとえば、子どものお迎えと夕食作りの担当を当番制にして、1カ月に数回、夕方から数時間の自由な時間を持つようにするとか、持ち回りで休日の丸1日を自分のために使えるようにするといったことです。

「保育園のお迎え+夕食作り+食事の世話」などのサービスをセットで提供する家事代行会社もあります。定期的に利用して、平日の夕方に時間を捻出するのも選択肢の1つです。

親自身の深く多様な経験が子どもにも好影響

自由になった時間をどのように使うかはそれぞれです。ふだん保育園のお迎えのために仕事を途中で切り上げなくてはならず、職場での居場所がないと感じている人はその日を、時間を気にせず仕事に没頭できる日としてもいいでしょう。趣味に没頭できる時間を持ったり、学習に充てたりするのもお勧めです。**子育てだけでなく、「自分育て」の時間を持つことが、職場においても家庭においても好影響を及ぼします。**

子どもの世話に手がかかるのは、人生のほんの一時期です。ここでいう世話というのは、食事や着替えの世話など、自分のことが自分でできるようになるまでのお世話という意味です。人生の先輩として、子どもの悩み事の相談にのったり、進路について一緒に考えたり、といったことは年齢に関係ありません。

職場や家庭以外の場での活動や学習が栄養となり、職場と家庭の双方に幅広さや深みをもたらす効果もあります。そのような深く多様な経験をした親からアドバイスを受けられるのは、子どもにとっても大切な財産となりそうです。

自分のための時間を持つことが、家族のためにもなる

「家事の外注って、単なる手抜きじゃないの」

夫からこのような言葉を聞くと、妻自身は自分の手抜きを責められている気になり、後ろめたさを感じがちです。そもそも外注をしようと考えること自体を封印しているケースもあります。それは「家事＝妻の仕事」との思い込みがあるためです。

一方、夫は「誰の手抜き」だと考えての発言なのでしょうか。もし、自分が家事にかかわる時間が少ないことを認識して、「外注するくらいなら自分がやる」という意味かもしれません。妻が「責められている」と咄嗟に思い込んでしまっているだけかもしれません。まず、夫の真意を確認しましょう。

家庭は癒やしと回復の場であって苦行の場ではない

ところで、外注をしようとしている家事は、手を抜いてはいけない類のものでしょうか。1日24時間は動かしようがありません。家事を洗い出して、家事スケジュール表を作成してみれば、限られた時間の中に家事と子育ての行程が、目一杯詰め込まれていることがわかります。

家事の現状把握が夫婦での共通理解となれば、「誰の手抜き」でもなく、有償か無償かはともかく、夫婦2人とも一杯一杯の状況であることが一目瞭然となります。家庭は、1日の労働によって疲れた心身を癒やし、翌日の労働に向けての回復の場です。そして、次世代を担う子どもを育てる場でもあります。人間にとって大切な場である家庭において、さらに身を削り疲れ果てるというのは、どう考えても健全とはいえません。

お試しで一度使ってみると、プロの技術に満足感を味わうことができるでしょう。自由になる時間が増えて家族間のギスギスが解消するなど、さまざまな効果を感じることができるのではないでしょうか。

［注］

1　山本洋子・渡辺友季子（2016）「ジェンダー・ギャップ再考――日本の母親は子どもの教育・仕事・将来をどうみているか?-」Child Research Net https://www.blog.crn.or.jp/report/02/225.html
たとえば、「男の子にとって学歴は大切である」という項目において、46％の母親が同意したのに対し、「女の子にとって学歴が大切である」という項目では23％にとどまった。

2　スマートテック「食洗機の電気代はどれくらい？光熱費節約につながる使い方のコツ」http://www.smart-tech.co.jp/column/power-saving/dishwasher-power-saving/　4～5人家族を想定し、所定条件のもとで1カ月の水道光熱費＋洗剤代を試算したところ、食洗機利用の場合は約1608円、手洗いの場合は約3156円となり、1カ月当たり1548円のコスト減となった。

3　『東京新聞』2020年4月2日

4　平山亮（2017）『介護する息子たち――男性性の死角とケアのジェンダー分析』勁草書房

5　注4と同じ

6　渡邊洋子（2002）『生涯学習時代の成人教育学――学習者支援へのアドヴォカシー』明石書店

7　柴原真知子（2015）「〈研究ノート〉イギリスにおける女性医師キャリア支援の現段階――医学の「Feminization に注目して」『京都大学生涯教育フィールド研究』第3巻

第3章

ステップ3：育児で今すぐできる5つのこと

01 子どもの病気・ケガに備える

仕事と子育ての両立には、子どもの病気やケガへの備えが重要です。小さいうちは体温調節がうまくいかず、頻繁に熱を出すこともありますが、だんだん丈夫になっていきます。とはいえ、完全に回避することは無理ですし、熱が出れば「万一のことがあったら」と心配になるのは仕方ありません。そんなとき、信頼できるかかりつけ医を持っておくと心強いです。

受診の際には、気になることや生活習慣上の注意点など、聞きたいことを箇条書きにしたメモを持って行くとよいでしょう。診察時間は限られていますので、ポイントをまとめておくと相手（医師）にも伝わりやすく、要領よく必要な情報が聞き出せます。

休日、夜間診療の病院をチェック

子どもは夜や休日に限って熱を出したりします。**休日診療や夜間診療を行っている病院やクリニックをチェックしておくことも大切です。**市報や区報などには、その月の当番医などが載っていることが多いので、当月分の市報などは取っておくようにするとよいでしょう。自治体のウェブサイトでも確認できます。

また、病院に連れて行ったほうがよいのか、様子を見ていても大丈夫なのか、判断に迷うことがあります。そんなときは、電話で「＃８０００」をプッシュすれば、「こども医療でんわ相談」につながります。住んでいる都道府県の相談窓口に転送され、小児科の医師や看護師が症状に応じた適切な対処法をアドバイスしてくれます。[1]

気軽に相談できる薬剤師を持つ

医師だけでなく、相談に乗ってくれる薬剤師を見つけておくと安心です。薬剤師は、医師よりもはるかに薬の知識が豊富です。たとえば、子どもが薬を飲むのを嫌がるようなら、同じ効果でもっと飲みやすい薬はないかとか、1日3回の服用が難しいなら、朝晩の2回だけで大丈夫な薬はないかなど、相談してみてはどうでしょうか。もし、他に選択肢があるなら、薬剤師から医師に連絡を取ってもらい、許可が得られれば、別の薬に替えることもできます。

もちろん、かかりつけ医が話しやすく、気軽に相談に乗ってもらえるようであれば、医師に直接相談すればよいと思います。ただ、医師にかかるほどではないけれど、薬がほしいというときもあるでしょう。**頼りになる薬剤師がいると安心です。**

お薬手帳、保険証、診察券、母子手帳はセット管理

病院でもらった処方せんを調剤薬局に持って行くと、お薬手帳に貼るためのシールをもらえます。お薬手帳には、あらかじめ基本情報（住所、氏名、アレルギー歴、副作用歴、既往歴など）を記載しておきますが、これら以外にも売薬（OTC医薬品）の服用歴や、体調が悪化したときの状況（熱や嘔吐など）、医師や薬剤師への質問事項を一緒に

記入しておくとよいでしょう。限られた時間を有効に使えます。

お薬手帳は1冊持っていれば、全国どこの医療機関、薬局でも使えます。薬の名前、服用量と回数、飲み方、注意事項などを継続的に記録していけば、複数の医療機関にかかっていても、飲み合わせのために副作用が起きるとか、他の薬の効果を消してしまうことが防げます。また、医師の誤解や不注意で危険な処方がされた場合、薬剤師が専門家としてチェックする機能も期待できます。

1人で複数のお薬手帳を持っていると、そのチェック機能が働きません。医師や薬剤師からのアドバイスも記入しておくと、また同じ状況になったときに読み返すことができるので便利です。保険証や診察券、母子手帳と一緒に保管しておくことを心がけ、子どもの体調悪化や重篤化を回避してください。

突然の子どもの発熱にはこう備える

「今日は休めない」というときに限って子どもが熱を出す「魔の法則」があります。

そして、夫婦のうちどちらが休むかでひと悶着。こんなときは、さすがに参ります。

突然のピンチは気持ちが萎えますし、子どもの体調も心配で胸が引き裂かれる思いです。病気によっては熱が下がったあとも一定期間は登園できないケースもあります。保育園デビューの前に夫とミーティングを行い、さまざまな不測の事態を想定して、祖父母や友人知人、保育関連サービスなど、可能なサポートの洗い出しを行い、どういう場合にどういう対応をするかといったフローを決めておく必要があります。

夫婦ともに仕事が休めない場合に備え、住まいの地域に利用可能な病児・病後児保育サービスがないかリサーチしておくことをお勧めします。ちなみに、東京都における病児・病後児保育施設は171カ所あります（2021年2月1日現在）。

病児・病後児保育のネット予約サービスもあり

病児・病後児保育は単独の施設が少なく、保育所や病院、診療所に併設されていることが多いようです。ただし、対象年齢や地域、保育時間、事前登録の有無など、利用方法は施設ごとに異なります。即日利用できる施設を見つけられず、利用を諦めるケースも少なくありません。

近くの病児・病後児保育施設の場所をスマホで検索できる「あずかるこちゃん」というサービスもあります。「あずかるこちゃん」と提携している施設であれば、24時間、そのままスマホから予約申込やキャンセルを行うことができます。現場で見守るのはプロの保育士や看護師ですから、安心です。

ベビーシッターが自宅に来て子どもの世話をしてくれたり、病院に連れて行ってくれたりするサービスもあります。

いざというときに慌てなくて済むよう、これらのサービスの利用の流れなどを確認し、あらかじめ登録をしておくとよいのではないでしょうか。

子どもは熱を出すことを前提に準備をしておく

02 休日こそパパも活躍しよう

「子育てを楽しみたい」というのは、女性が仕事を辞めるときによく口にするセリフです。しかし、子育てを楽しむことは女性だけの権利ではありません。男性も子育てを楽しみたいと考える人は多いはずです。子どもがどんどん成長する様子を見るのは、貴重な体験です。せっかく子どもを持つ機会に恵まれたのであれば、夫婦ともに子育てを楽しみたいものです。

ワンオペ育児は歴史上で初めてのこと

しかし、「子育てを楽しむこと」と「仕事をすること」を対立概念ととらえる人が多いのは残念です。「男は仕事、女は家庭」という考えは、男性から家事や育児に携わる生活者としての能力を奪い、女性からは経済的な自立の機会を奪います。[2]

かつて、人々の生活が大家族を中心に村単位で営まれていた時代は、農家の嫁は子どもの母親である以上に嫁としての労働力を期待され、子育てもまた村ぐるみ、家族ぐるみの営みでした。[3] しかし、戦後、家族の規模は縮小し続け、母親は育児をサポートしてくれる親族や隣近所との助け合いから切り離されています。[4]

つまり、妻1人で仕事も家事も育児もこなすワンオペ育児は、歴史上、ありえなかったことです。母親だからすべてこなせて当たり前なんて思う必要はありません。というより、**育児は夫と妻がともに取り組むべき重要課題です。**

子の思春期に突然「父親になる」ことはできない

「思春期こそ父親の出番」という声もよく聞きます。子どもが小さいときは母親がお世話をし、思春期や反抗期は父親が厳しく子どもと向き合うべきだというものです。しかし、幼少期は母親に任せて子どもとの絆を築く時間を取らなかった父親が、

思春期を迎えて気難しい年頃となった子どもを前に、突如として「父親らしく毅然とした」態度を取るように求められ、戸惑う姿もまた哀れだといいます。[5]**ずっと子どもの成長を見続け、ともに育ってきたという信頼関係がベースにあってこそ、思春期や反抗期の困難を乗り越えられるのではないでしょうか。**あるいは、そのようなベースがあるからこそ、距離を取って見守ることもできるのかもしれません。

遊びだけでなくケアまで１人で完結

平日が難しければ、休日にしっかり子どもと向き合う時間を作ってはいかがでしょうか。妻と夫では好みや得意なことが違うはずです。子どもにとって、多様な大人とのかかわりは大切です。普段は妻が子育てを中心に担っているなら、夫が１人で、子どもと遊ぶだけではなく、食事やトイレなどの世話に至るまで、すべてを完結する日を設けるようにしてみてください。

夫にとっては父親としての育ちの日となり、妻にとっては母親から解放され、自分の時間を取り戻す日となります。このような積み重ねが、夫の家事や育児への心理的ハードルを下げ、妻が仕事を継続するモチベーションの維持にもつながります。

ワンオペ育児は×。
夫婦で子育てを楽しむ

03

子どもの成長に合わせて「自分のことは自分でさせる」

子どもを育てるということは、心身を健康に保つための生活習慣や、食事作り、掃除、洗濯といった日常生活を営むためのスキルを身につけさせることです。いつまでも親が世話をし続けることはできず、いずれ、子どもは一人立ちしなくてはなりません。**子どもが自分で生きるためのベースを作ることが、親としての責任でしょう。**

朝、ちゃんと起きて、歯を磨いて顔を洗う、食事をする、お風呂に入るといった基本が少しずつ1人でできるようになったら、成長に合わせて、家事を覚えていきます。日常生活はすべてが学びの場です。それを親がすべてやってあげたのでは、その学びの場を奪うことになってしまいます。

子の成長に応じて手を出さずに見守る

お泊まりの会や、修学旅行、合宿なども学びのよい機会です。用意するものリストをチェックしながら、自分で準備をさせます。その際には、朝出かけてからのスケジュールを確認しながら、その場面ごとに何が必要になってくるかを想像するようアドバイスします。そこで、抜けている持ち物はないかをチェックさせるのです。

小さい頃は、親が一緒にこの一連の作業をやりますが、小学校中〜高学年くらいになれば、すべて1人でさせます。うっかり忘れるものが出てくるかもしれません。しかし、家と違って親はいませんから、自分で何とかしなくてはいけません。

ある小学校の先生が、「忘れるのは人間だから仕方がない。忘れたときに、どう対処するかが大切です」といっていました。お友だちに借りるとか、何か代用品を考えるか。困った経験が学びになり、次には忘れないようになります。もっとも、何度忘れてもこたえない、たくましい子もいますが。

「家族のために」を意識できるように

子が成長するにしたがって、単にお世話される存在から、家族のために役立つ存在となっていきます。そのことが子どもに自己肯定感をもたらし、親は子どもの意外な一面を発見することにつながります。

家事を家族全員で担うことにより、親だけがキリキリ舞いしたり、夫婦間でいさかいになったりすることは減りそうです。たとえ子どもが失敗したとしても、振り返れば笑い話になります。親子で過ごせる時間は、人生のほんの一時期だけ。さまざまなことを話し合い、笑い合う時間を大切にしたいものです。

子どもの世話を焼き過ぎない。失敗の経験も大事

04 習い事の時間を有効活用する

共働きだと、日々の暮らしをこなすのに精一杯で、子どもの習い事までは手が回らないと考える人が多いのではないでしょうか。ピアノや体操などの習い事を提供している保育園もあります。希望者が多く、抽選になることも多いようですが、通える範囲でそのような保育園がないか、チェックしてみましょう。

親の自由時間を生み出せることも

ものは考えようで、**子どもの習い事が親の自由時間を生み出せるかもしれません。**子どもが小さいうちは、親の都合、スケジュール次第で習い事を決めることができます。子どもが習い事をしている間、親が時間を有効活用できることを念頭に、通う場所や習い事の種類を考えるというのもいいかもしれません。もちろん、子どもが嫌がらず、楽しんで取り組めるということが大前提です。

たとえば、子どもが習い事をしている間に、近くのカフェや図書館などで勉強や仕事をしたり、買い物や家事を済ませたりできるようなロケーションだといいですね。送迎バスを出している教室もあるようです。

ある相談者は、平日の週に2回、子どもが学童保育から1人で習い事に通えるところに通わせていました。終了時間に夫と妻が交代で迎えに行く取り決めにしているため、いつもは慌てて仕事を切り上げる妻も、夫が当番の日はいつもよりゆっくり仕事に取り組めるといいます。もちろん、仕事以外の自分時間に充てることもできます。

休日の習い事は夫婦で協力体制

最近は、休日の習い事が共働き夫婦に人気のようです。平日、子どもは学校の宿題に追われ、大人も仕事と家事で余裕がなく、子どもの習い事に時間を割けない人が多いという事情があるようです。

休日であれば、子どもの送迎と家事がうまく回るよう、夫と協力体制を整えることも可能ではないでしょうか。どちらかに負荷がかかり過ぎず、それぞれの時間を確保できるよう工夫をしてみてください。

習い事によっては、親の負担が大きいものもあります。次の習い事までに家で練習をさせなくてはいけないものや、発表会のための特別レッスン、衣装の準備など、費用がかさむものもあります。

スポーツ系であれば、親が当番でつき添う必要があったり、お弁当を準備しなくてはならなかったりするものもあります。どこまで親がかかわれるかも、検討材料の1つとなります。夫婦で時間を融通し合うのはもちろんですが、親同士で連携し合いながら、できるだけ負荷を減らす工夫をしてください。

ベビーシッターなどの外部サービスを利用

習い事を提供する保育園が近くにないとか、送迎サービスつきの習い事がない場合、共働き夫婦に習い事は無理と諦めてしまう人も多いのですが、ベビーシッターの利用も検討してはどうでしょうか。

保育園に通っていても、ベビーシッターに送迎を頼めば、園にお迎えに行って習い事に連れて行ってもらえます。送迎だけでなく、そのまま家に帰って夕食や入浴の介助までお願いできるサービスもあります。

第2章で家事の外注の活用を提案しましたが、ベビーシッターはもっとハードルが高いかもしれません。しかし、全面的に育児をお任せするというのではなく、保育園をベースにしつつ、必要に応じてサポートをお願いすることで、親への負荷は大幅に減らせます。

ピンポイントでのベビーシッター利用もあり

仕事をしていると、どうしても会議等でお迎えが間に合わないときや、保育園の登園時間より早く出かけなくてはいけないときなどがあります。パートナーも都合がつかず、どちらが送迎をするかでもめて、険悪な雰囲気になることも一度や二度ではありません。

そんなときは、**保育園の送迎のみをベビーシッターにお願いする方法があります。**時間が短いため、通常料金より多少割高となるのが一般的ですが、日常的に利用するわけではなく、必要に応じて、しかも保育園の一時期だけの利用ですから、長く仕事を続けるための必要経費ととらえることも可能でしょう。会社によっては、ベビーシッター事業者や病児・病後児保育施設などと提携をし、社員が割引価格で利用できるなどの特典があるケースもありますので、事前に確認しておくとよいでしょう。

すぐに利用しない場合でも、あらかじめいくつかのベビーシッター事業者を検討し、安心できそうなところを選びます。子どもとの相性もありますので、事前に面談して依頼内容の確認もしておくとよいでしょう。友人や知人と違って、依頼した結果、相性が合わないとか不満があるといったときは、会社を通して別の人を担当にしてもらうことができます。

今はファミリーサポートセンター事業[6]が全国展開されており、リーズナブルに育児支援のサービスが利用できるようになっています。住まいの地域のファミリーサポートセンターをチェックしてみてはどうでしょうか。

習い事やベビーシッターの利用で、
親の負担軽減

05 保育園のお迎え時間帯が同じ仲間をグループ化

保育園のお迎え時には、だいたい決まった顔ぶれの親たちと一緒になります。遅めの時間帯のお迎えだと、だんだんお友だちが少なくなっていき、残った子ども同士で親が迎えに来るまでの時間を過ごします。子ども同士が仲よくなれば、自然と親同士も会話するようになります。お迎えの時間帯が同じということは、家に帰ってからの大変さもほぼ共通しています。

お互いの家を行き来できるくらいの距離であれば、数時間、お互いに子どもを預け合いするとか、ときどきはどちらかの家で夕食会を催してみればどうでしょう。お互いの暮らしぶりや性格などが何となくわかってくれば、助けたり助けられたりの頃合いもうまくはかれるようになるものです。

複数でゆるくつながる

保育園で培った人間関係は、小学校に入学してからの学童保育にも引き継がれることが多いものです。1対1の関係だけでなく、何人かでグループになっていると、濃すぎず広く浅い人間関係が保てます。**困ったときに融通し合える人が複数いると、ピンチもしのげます。**

ただし、人間関係がかえってストレスをもたらすこともありますので、無理をすることはありません。そういう場合は徐々に距離を取るなどの舵取りが必要かもしれません。

保育園のママ友・パパ友グループで助け合い

夫のトリセツ 3

「小さいうちは母親の手で育てるのが子どもにとってもいいんじゃない」

妊娠・出産は女性にしかできませんが、それと養育は区別すべきであり、問題なのは保育の質であって、誰がそれを行うかではないといいます。[7] そもそも、子育ては母親も父親も初めての連続です。親は毎日おろおろとうろたえながら、子どもと一緒に育つものです。

乳児が父親に抱かれると泣くことが多いのは、父親の慣れない抱き方に不安を覚えるとか、接する時間が少ないからであって、父親に適性がないからではありません。母親であっても赤ちゃんを抱っこして、大泣きされることは普通にあります。

「3歳児神話」は母親限定ではない

夫も妻も初めて同士なのに、母親が育てるほうが子どもにとっていいと考える理由は何でしょうか。よくいわれるのが、「3歳までは子どもの発達にとって大事な時期。だから、ずっと母親のもとで育てたほうがいい」という、いわゆる「3歳児神話」です。

確かに、「3歳までは子どもの発達にとって大事な時期」に異論の余地はないでしょう。この時期に、「愛されている」「大切にされている」との実感のもとに安心して他者との信頼関係を育むことは重要です。しかし、それが母親でなくてはならないというわけではありません。

むしろ、忙しさや不安の中でイライラし、つい子どもを怒鳴ったり、しっかり向き合う時間が取れなかったりするくらいなら、プロのサービスを利用して心穏やかに過ごすほうが、親にとっても子どもの発達にとっても、好ましい影響を与えられるのではないでしょうか。パパやママの笑顔が、子どもの成長にとって何よりの栄養です。

保育園児は「かわいそう」ではない

少なくはなりましたが、今でも、子どもを保育園に預けると、周囲から「かわいそう」といわれることがあります。しかし、プロの保育士にケアをしてもらい、プロの栄養士による食事やおやつが提供され、同じ年齢の子どもたちと遊べる環境は、「かわいそう」といわれるようなものではないと思います。

ちなみに、保育園を運営するうえで満たさなくてはならない基準の1つに、保育士の配置基準[8]があります。たとえば、0歳児3人に対し保育士1人以上、1〜2歳児6人に対し保育士1人以上と決まっています。

これは国が定める最低基準ですが、自治体独自の基準を設け、さらに手厚く対応している場合もあります。0歳児が9人以上いれば、看護師を配置する義務も発生します。プロの保育士と看護師に見守ってもらえるのは安心です。

専門職によって見守られることの安心

Gさんの息子が7カ月くらいの頃、保育園に迎えに行くと、担当の保育士が「傷もないのに片方のホッペがほんのすこし膨らんで微熱もあります。気にし過ぎかもしれませんが、お医者さんに診てもらったほうがいいかもしれません」とアドバイスしてくれました。

肝っ玉母さんのGさんは、ちょっとした風邪くらいで子どもを医者に連れて行くことはありませんが、そのときは何だか胸騒ぎがして、近くのクリニックにかけ込みました。

医師「血液検査の結果が出ないと何ともいえませんが、入院が必要な状態かもしれません」

Gさん「はぁ」

医師「明日の朝一番で、入院の支度をして来院してください」

Gさん「はぁ」

予想外の成り行きにGさんは呆然。翌朝、緊急入院した息子は、5日間くらいで回復し、事なきを得ましたが、あのときの保育士のアドバイスがなかったらと思うと、今でもゾッとするといいます。

子育てをしていると、経験したことのない事態の連続です。専門性や経験を有する保育士が、ほんの少しの違和感も見逃さず、新米パパママたちにアドバイスをしてくれる役割は重要です。保育士が誇りを持って働き続けられるよう、収入や労働環境等、適切な処遇が受けられることを願います。

本章第2節で述べたように、かつて育児は村ぐるみ家族ぐるみで行われ、妻1人で仕事も家事も育児もこなすワンオペ育児は、歴史上、なかったことです。出産したとたんに、ベテランママになれるわけがありません。

夫婦で支え合いながら、ともに親として育つしかありません。人口減少、超高齢社会の日本において、女性活躍が社会の要請となっている今、新たな価値観に転換すべきときなのではないでしょうか。

[注]

1 厚生労働省「子ども医療電話相談事業（#8000事業）」

2 大日向雅美（2015）『増補 母性愛神話の罠』日本評論社

3 注2と同じ

4 高橋均（2004）「戦略としてのヴォイスとその可能性——父親の育児参加をめぐって」天童睦子編

著『育児戦略の社会学――育児雑誌の変容と再生産』世界思想社

5　注2と同じ

6　働く女性の地位向上及び女性労働者の福祉の増進をはかることを目的とした一般財団法人女性労働協会が、さまざまな事業を展開している。ファミリーサポートセンターもその1つで、地域において育児や介護の援助を受けたい人と援助をしたい人が会員となり、育児や介護について助け合う会員組織

7　ナンシー・チョドロウ（1981）『母親業の再生産――性差別の心理・社会的基盤』大塚光子・大内菅子訳、新曜社

8　厚生労働省「児童福祉施設の設備及び運営に関する基準」

第4章

ステップ4：職場で今すぐできる5つのこと

01

短時間勤務は最後の手段にする

女性も男性も、とにかく「食える仕事」につくことが大事です。食える仕事というのは、自活できる給料が得られる職業という意味です。しかし、多くの女性に割り当てられる仕事は中核ではないものに偏っています。「10年やって一人前」など、検証もされていない「なんとなくそうなってしまっている」前提によって、女性が職場から排除される構造が存在しています。[1]

未だ性差別のある日本企業

企業による採用・配置・訓練・昇進などにおける性差別は、平均的に女性は離職率が高い、時間外労働をさせにくい、責任ある仕事を任せにくいなどといった事情によるものです。これは、企業が利潤追求を優先するゆえに生じる統計的差別と考えられます。[2]

統計的差別とは、男性よりも女性の離職率が平均的には高いため、企業側が女性への投資に慎重になることを指します。[3] その背景には、女性が男性より多くの時間と精力を家事・育児に費やすことを当然視していることがあります。

このような状況下で、仕事と家庭の両立をはかろうとすれば、将来夫のほうが昇進する可能性が高いと判断し、妻のほうが短時間勤務（以下、時短勤務）を選択することになります。そうすると、家計全体の収入減少につながりますから、男性は長時間労働から降りられません。結果として、男性は家庭領域での役割を果たすことができなくなります。

時短勤務で仕事量は変わらないのに収入は激減

第1子出産後、産休・育休を経て職場復帰をしたHさんは、先輩や同僚で子育てをしている人がいなかったため、育児と仕事の両立に対して不安が大きく、ひとまず時短勤務を選択しました。

いざ始めてみると、**時短勤務といっても仕事量が減るわけではありません。**勤務時間内で終わらなかった仕事を、自宅に持ち帰ることもあります。ところが給料明細を見て、予想以上の収入減という事実に愕然とします。

単純に考えると、出産前に8時間働いていた場合、1時間の時短で給料は8分の7、2時間の時短で8分の6になるはずです。しかし、以前はついていた残業代がなくなったり、ボーナスが減少したりするなど、実際の減少幅はもっと大きくなります。

フルタイムで約３１４万円だった年収が、時短勤務にすると約１７８万円になるという試算もあります。[4] 家計収入から１４０万円近い金額が消えてしまうのです。当然、将来の厚生年金にも影響が及びます。

いずれフルタイムに戻ってキャリアを取り戻せる展望があるならよいのですが、「時短の人」と周囲から見られてしまい、時短勤務を契機に不本意ながらもマミートラック[5]に乗ってしまうことが多いのです。

「別に出世したいわけじゃない」と考えるかもしれません。しかし、収入が減る割に仕事量が減らないと、「やってられない」とばかりに、パート勤務転換への心理的ハードルがぐっと下がってしまいます。一時的な事情や感情で将来の可能性を摘みとってしまうのは慎重であるべきです。

フルタイム復帰の壁は高い

また、妻が時短勤務をすることによって、夫は主たる稼ぎ主の座を降りられませんから、「男は仕事、女は家庭」の役割分担は固定化される可能性が高まります。出産前には平等に家事を担っていた夫婦であっても、一度固定化してしまうと、もとに戻すためには相当のエネルギーを要します。

当初はフルタイムに戻ろうと考えていたとしても、そのためには家庭と職場双方において、さまざまな交渉が必要になってきます。そのような労力をかけるくらいなら、第2章と第3章で示した方法を駆使して、夫の仕事も妻の仕事も大事にしつつ、子育て期を乗り越えるほうが建設的ではないでしょうか。

ある大手製造企業は社内保育園を社費で作っていますが、こ

れは社会奉仕ではありません。10年かけて育てたスタッフが家事育児で力尽きて辞めてしまえば、それは大きな損失となるからです。社内結婚が多いその会社は、女性ばかりが育休を取ると、彼女らの職場の上司が割を食うため、イクメンを増やし、イクメン用の情報交換インフラを作っているそうです。[6]

これは一企業内での職場間の不公平を是正する視点でのインフラ作りですが、広く企業単位で見れば、女性を多く雇用している企業の育児支援制度に、男性を多く雇用している企業がフリーライドしていることになります。[7]

新たな時代に取り残されない

しかし、世の中は少しずつ変わっています。ある日、周りを見渡したら「自分たちだけが取り残されていた」となってしまわないよう、夫婦で経済的責任を分散させて新時代の波に乗って行くほうが得策です。

「男性だから長時間労働も厭いません」「女性だから稼ぎが少なくてもいい」といった硬直的な役割配置では、順風満帆とばかりはいかない人生を乗り切っていけません。

「男性は一家を背負っている」という悲壮感が夫を追い込み、健康を害してしまったのではもとも子もありません。そもそも家事をしないからといって、会社での出世が保証されるわけではありません。

セクハラやパワハラが蔓延する職場や、長時間労働が常態化する職場など、身体や精神の健康を損ねるような職場を回避し、自分の命を守ることも大切です。そのためにも、**家庭内での稼ぎ力を1人に集中しないことがリスク管理になるのです。**

家族はそれぞれが取り替えの利かない大事な人材です。夫婦共通の責任事項である家事と育児を分担し、それぞれの稼ぎ力を保ち続けるために、仕事と家庭のどちらにも負荷がかかり過ぎないようにすることが家庭運営の秘訣です。

時短勤務はメリットとデメリットを慎重に見極める

02

残業をしなくても「できること」をアピールする

子育て中の社員が多数いて、ある程度ノウハウの蓄積がされている職場もあれば、対応にまったく慣れていない職場もあるため、職場に応じた交渉の仕方を考える必要があります。

子育て中の社員がいない職場の場合、上司や同僚にしてみたら、どう気遣ってよいのか、どこまで任せてよいのか、不用意な発言でハラスメントと思われないかなど、戸惑いを感じていることもあります。そのような気持ちを想像し、先手を打って自ら状況を説明することが大切です。

復職後の職場で居場所を確保するためには、交渉する力が大事になってきます。復職前に上司や人事担当とミーティングの場が設けられることが多いと思います。その際には、**「自分の都合ばかり主張する」と思われるような対応や、逆に「出産前と同じ**

ようにがんばります」といった根拠の希薄な決意表明的な発言は避けましょう。

上司の不安を払しょくする

上司によっては、子育て中の女性社員は休みや遅刻が多く、お荷物になるといったネガティブな思い込みがあるかもしれません。そのような場合、上司の漠然とした思い込みを払しょくし、「それなら許容できる範囲だな」と納得させるような説明が必要です。

そのためには、できないことを前面に出すのではなく、自分はどこを目指しているのかといった今後のキャリア展望を伝えたうえで、当面はどこまでのことができるのか、その先はどのような見通しになるかを、具体的に伝えるとよいと思います。

どうしても仕事を時間内で完結することが無理そうな場合、部署内で情報や進捗状況を共有したり、申し送りをしたりするための方法を工夫する必要があります。上司に事前に根回ししておいてほしいことがあれば、それも併せて相談します。上司の指示の

もと、復帰後の自分のポジションがシステムとして組み込まれることで、同僚たちからの風当たりは多少なりとも緩和できます。

むしろ、この機会に業務の洗い出しを行い、効率化することができれば、同僚たちもハッピーになりますし、働き方改革の流れにも沿っています。

不確定要素と対応策を示す

急遽、休まざるをえなくなったときにも、システムとしてカバーできる体制があれば、業務への影響は抑えられます。職種によっては、突発的な休みに備えた在宅ワーク導入についても相談できるかもしれません。

また、病児・病後児保育利用など、リスク管理としてプライベートに準備していることがあれば、そこもしっかりアピールしてください。

上司が「子育て中の女性は使えない」という偏見を強固に持っていると、毎日針の筵かもしれません。そのような上司に対しては報告をこまめにするよう心がけます。

報告の仕方もシンプルに的を射たものになるような工夫を積み重ねると、「本当に任せ

て大丈夫なのか」という上司の不安をやわらげ、信頼を得ることにつながります。

適切なコミュニケーションで職場の理解を得る

03

突然の保育園からの電話に慌てずに済む交渉術

キャリア志向で、出産後もバリバリ働くつもりだったIさんは、産休取得後に復帰したものの、実際には思い描いたようには働けません。保育園のお迎えがあるため残業ができないとか、子の発熱で休まざるをえないこともたびたびあり、職場で孤立してしまいました。

あからさまに「迷惑だ」といわれることもあり、落ち込んでしまいましたが、自分にも責任があると感じています。もともと職場内での人間関係がうまくいっていなかったようで、出産後に「ここぞとばかりに叩かれている」といいます。

生身の人間ですから、子育てだけではなく、さまざまな事情でフルで働けないこともあります。そんなときに、当事者に肩身の狭い思いをさせないような職場の雰囲気も大切です。「迷惑をこうむっている」ととらえるのではなく、「お互いさま」といいえる関係性があれば、特定の人に負担が偏らないような工夫で乗り切っていけるのではないでしょうか。出産に限らず、普段から心地よい人間関係を保っておくことが重要です。

「わかってくれて当たり前」は通じない

時間に余裕がない日々を送っていると、どうしても「自分ばっかり大変」「理解されていない」というモードに陥りがちですが、すこし視点をずらして、上司や同僚になったつもりで自分を眺めてみてください。相対化することにより、「わかってくれて当たり前」の殻を破り、ちょっとした気配りができるようになるものです。

職場に復帰したら、上司や同僚とのコミュニケーションを密に行いましょう。同僚たちよりも働く時間が少なくなるのは仕方がありませんし、子どもの病気などで休まなくてはならないことも出てきます。**周りがフォローしてくれるのを期待するだけではなく、仕事を円滑に回すためのコミュニケーションを自ら積極的に仕かけます。**

特に、子育て中の社員がいない職場だと経験がありませんから、気づかずに配慮不足になるケースもあります。保育園のお迎えのため、質問や打ち合わせに対応できるデッドラインがあります。会社を出る時間を全員に周知しておき、自分がいなくても仕事が滞らないよう気をつけましょう。

こまめなコミュニケーションで疑心暗鬼を回避

同僚に対しては「今日の業務は、ここまで責任を持ってやるけれど、ここからはもしかしたらお願いするかも」と前もっていっておくことにより、「仕事を丸投げされるんじゃないか」という疑心暗鬼は多少なりとも抑えられるのではないでしょうか。

子どものケガや発熱のために、予定外に仕事を休まざるをえないこともあります。独身の同僚や後輩、妻が専業主婦の男性には理解ができず、反発を買うかもしれません。絶対に起こりうるこのような事態には、どう対処するかを夫婦で相談し、あらかじめ複数のシナリオを用意しておきます（「夫のトリセツ4」参照）。

上司も同僚も評価を受ける立場

同僚や後輩は直属の上司から評価を受ける立場であり、直属の上司はその上の上司から評価を受ける立場であることを忘れないようにしましょう。双方の立場を思いやるプロセスから、効率よく仕事を進める工夫が生まれてくるかもしれません。

「ラクしてずるい」とか「自分に負担を押しつけて」など、心の中で同僚がどう思っていようと、「仕事を回すためには仕方ないよね」と、渋々でも納得せざるをえないような、具体的な協力依頼をすることです。そして、サポートをしてもらった人には「助かったわ」とか「申し訳ない」といった言葉の潤滑油が不可欠です。

自分が戦力になれていないんじゃないかと、疎外感を感じることがあるかもしれませんが、いずれ子どもが成長すれば、サポートしてもらった分をお返しすればいいのです。もし、周囲に負荷がかかり過ぎていると感じるなら、肩身の狭い思いをするよりも、第2章第5節、第3章第4節を参考にして、月に1回でも同僚の大変さを一緒に背負うことも考えてはどうでしょうか。

子育て期を職業的成熟の契機にする

子育て期は職場領域を客観視するよい機会でもあります。 限られた時間で効率よくパフォーマンスを上げようとすると、これまで当たり前と思っていた職場慣行が合理的でないことに気づくことがあるかもしれません。

直接あなたが提案できる類のものであればよいのですが、内容によっては上司やキーパーソンの手を借りるほうがよいケースもあるでしょう。目の高さ分だけ、同僚の頭より上の位置から職場内を見渡して、どうすれば軋轢を生まずに早く帰れるか、どうすれば居心地よく働けるか、工夫を重ねてみてください。

仕事を休むときのシナリオは複数用意しておく

04 自分を客観視するメンタル術

Jさんは育休から復帰する際、意に反してマミートラックに移されてしまったと感じています。出産前は自分より保有資格や業績等で劣っていた（とJさんが考える）同僚が、自分のポジションに就き、Jさんは権力闘争から引きずり降ろされたのではないかと疑心暗鬼になっています。

マタハラは法律で禁止されている

男女雇用機会均等法[8]では、婚姻・妊娠・出産等を理由とする不利益取扱いを禁止すると定めています。[9]つまり、マタニティハラスメント（以下、マタハラ）は法律で禁止されており、会社側に防止措置が義務づけられているのですが、残念ながらなくなる気配はありません。

マタハラかどうかの判断はケースバイケースです。もし、これはマタハラではないかと思ったら、外部の相談窓口を利用する方法[10]があります。あまりにも精神的に負荷がかかるようであれば、転職を視野に入れたほうがいいかもしれません。

「子どもを犠牲にしている」という呪文

家の中も大変、仕事も大変となれば、「私、一体何やってるんだろう」と思うこともあるかもしれません。人間誰しも嫌なことは避けたいものです。そのとき頭に浮かぶのが「子どもを犠牲にしている」という呪文です。

「子どもを犠牲にしている」モードに入ってしまうと、今の仕事は「自分じゃなきゃやれない仕事じゃない」「やりがいがない」「社会貢献に結びつかない」などなど、仕事を続けることへの否定的な言葉が次々とあふれ出し、結局「子どもを犠牲にしてまでやる仕事じゃない」となってしまいます。

仕事と子どもはまったく次元の異なるものです。次元の異なるものを天秤にかけるというのも妙なものです。なぜ「子どもを犠牲にしている」という考えにハマってしまうのか、その理由を考えてみましょう。いつもイライラして子どもを怒鳴ってしまうとか、つい「早く早く」と急かしてしまって自己嫌悪に陥ってしまうとか。

つまずきポイントをチェックする

理由がわかったら、さらにその理由、なぜ怒鳴ってしまうのか、なぜイライラしてしまうのかを考えてみます。たとえば家事がスムーズに片づかないとか、朝のルーティンが思うように進まないとか。理由を洗い出せたら解決策を考えます。もっと家事をシンプル化できないか、朝のやることリストを作成して、つまずきポイントをチェックするとか、夫を巻き込む余地はないかなど。

もしかしたら、「子どもを犠牲」モードのスイッチを入れる原因は、家事へのこだわりの高さや、夫の非協力かもしれません。子どもの成長には目を見張るものがあります。だんだん自分のことは自分でやれるようになります。**今年と来年では家庭内の状況も一変しているはずです。結論を急ぐことはありません。**

仕事に過剰なやりがいを求めない

一方、仕事自体がストレスになっているケースを考えます。夫が「仕事にやりがいがない」「自分以外の人でもできる仕事だから」といって辞めるシチュエーションを考えてみてください。

夫婦でやりがいのある仕事探しの旅に出かけた日には、本当に子どもは犠牲になってしまいます。やりがいのある仕事や自分にしかやれない仕事に就けることは幸せなことですが、**お金を稼ぐためには何らかの我慢を強いられるものとの割り切りも必要です。**

「夫の年収と自分の年収は違う」と反論されるかもしれません。確かに男女には賃金格差があります。男性正社員は年収500万〜699万円が最も多く、女性正社員は200万〜299万円が最も多いので、正社員同士の夫婦でも200万〜500万円くらいの賃金格差があると考えられます。

しかし、家計運営において働いて収入を得られる期間は限られています。しかも、企業経営と違って経営者や社員の取り替えはききません。現在、夫婦合わせた年収が800万円として、妻の収入が200万円減ると25%の減少、100万円の減少としても13%減。経営の大ピンチに直面します。

職場領域は一人一人の人生における大切な領域

しかも、すでに述べたように、女性の賃金が男性より低いのは、女性の能力が低いためではなく、女性が家庭役割を担う前提で、不合理に低く抑えられたものです。実際、男女の賃金差は少しずつ縮まっています。いずれこの不合理が解消されるとすれば、夫が将来に向かって妻よりも高収入が確保できるかどうかはわかりません。

覚えておいてほしいことは、妻が自分の職場領域をゼロにして、家族のために尽くしたとしても、妻の人生の大切な領域をゼロにしてしまったことに、夫も子どもも気づくことはないということです。なぜなら、「男は仕事、女は家庭」の社会規範にのっとった自然な選択だととらえるからです。

心身ともに病んでしまうような職場だと話は別ですが、短気を起こして収入の道を閉ざす前に、まずは仕事をするうえで障害になっていることを取り除く工夫をし、目の前の仕事に真摯に取り組んでみてはどうでしょうか。

ある程度の割り切りも必要。ピンチのときこそ冷静に

05 中期的キャリア形成を視野に入れる

職場においては、自分自身の立ち位置を客観的に把握し、勤務先の目指す方向性や、自分が望むキャリアの方向性、社会情勢の変化などの要素を内面に取り込み、上手に交渉する術を身につけましょう。**子育て期は交渉力を高めるチャンスです。**

自分の望むキャリアを実現するためには現状の把握が欠かせません。自分自身を分析し、どのようなキャリアを目指すのかを整理します。そのうえで職場の現状把握をします。どのような部署があり、どのような働き方があるのか、自分の望むキャリアを実現するには、どのような経験を積む必要があるのかを考えます。

出産のために休まざるをえない女性の場合、出産後も継続的に働ける環境を手に入れるためには、早期に実績や専門性を身につけておくことを意識しましょう。そのことが自分の仕事やキャリアへの自信につながります。入社直後は制約なく働くことができると思いますので、この期間にできるだけ飛躍的な成長を自分に課すことが重要です。

上司やメンターにアドバイスを求める

もし、思うような実績が積めないなら、自己分析だけにとどまらず、直属の上司にアドバイスを求め、そのアドバイスを実行し、報告することを繰り返してみましょう。このようなやり取りを通して、どうも適性がないと判断すれば、他の部署への異動を視野に入れたアドバイスをくれるかもしれません。

メンターを見つけることも意識してください。ここでいうメンターとは、会社が制度として取り入れているものではなく、仕事やプライベートのことを安心して相談できる人といった意味です。あえて「メンターになってください」といわなくても、心の中で「勝手にメンター」登録しておけばいいのです。

同じ業界内だけでなく、多様な専門性を持つ人など、年齢にかかわらず視野を広げてくれるメンターを持ち、たまに会って食事をしながら話をするだけでも多くの学びや気づきが得られます。

「育休はフル取得」「職場復帰後は時短勤務」の思い込みは危険

かつては産休しかありませんでしたが、今は育休や時短勤務など、選択肢が増えました。育休を利用すれば子どもが1歳になるまでは休業できますし、育休から復帰したあと、時短勤務を利用できる企業も多いと思います。

これらを利用するのはもちろんよいのですが、出産したら育休を取って時短勤務をするものだと思い込んでいる人も多いようです。**育休や時短勤務などは選択肢の1つであって、出産後の女性が必ず通らなくてはならない道筋ではありません。**

子どもと母親の健康状態に問題がなく、保育環境も整うのであれば、育休を目一杯利用する必要もなければ、時短勤務をする必要もありません。「周りがそうするから私も」ではなく、複数の選択肢の中から、どうするのが自分にと

って望ましいかという視点で検討してください。

たとえば、**小1の壁（第6章参照）でキャリアを途絶えさせないよう、そのときまでに職場内で発言力のあるポジションに就くことを目指すのも戦略の一つです。**産休後は保育環境を整え次第、フルで復帰するという選択肢もぜひ入れておいてください。

交渉とは自己主張でも口八丁手八丁でもない

組織で働く以上、上司に引き上げてもらわないことには、キャリアが停滞することが多いものです。たとえ今の部署に不満があっても、そこでしっかり実績を積むことなく、一足飛びに自分の希望が叶えられるのは難しいと思います。

本章第3節で、直属の上司はそのまた上司の評価を受ける立場にあると述べました。職場において実績を積むことは、交渉力を形成する大きな要素です。直属の上司が会社から受ける評価に貢献することなく、自己主張ばかりをしたのでは、表面的にはともかく、親身になってはもらえないと思ってください。

ときどき、同僚や後輩のみならず、上司に対しても文句の多い人がいます。本人は

「たとえ上司だろうと歯に衣を着せずいいたいことをいう」と自己評価し、短期的には周囲も頼りになる人と勘違いすることもあります。

しかし、文句が多いということは、優先順位がつけられないことの裏返しだったり、自分を相対化できないことの表れだったりするかもしれません。文句をいうことが常態化してしまうと、単なる愚痴として聞き流され、交渉力としては効果がありません。

上司の指示のうち、大勢に影響がないことは「御意」と聞き入れ、上司の評価につながる働きをしっかりと行い、「ここぞ」と思うときに「お言葉ですが」といえるだけの溜めを作っておくことが重要です。

溜めを作っておいたうえで、その瞬間をとらえるための感度を磨き、理路整然と反対意見をいえるだけの勉強をしておく必要があります。それだけではなく、相手が素直に聞き入れるような伝え方も大切です。このような一連の流れすべてが交渉です。交渉とは、決して悪い意味での口八丁手八丁ではありません。

転職も選択肢の1つ

ただ、どんなに意欲があろうとも、やりがいのある仕事を任せてもらえないと感じることがあるかもしれません。その際には、自分にとってやりがいとは何かを自問自答してみてください。**好きなことイコールやりがいとは必ずしもなりません。**経験を重ねれば重ねるほど、求められることに応えることができ、貢献できているという実感がやりがいになることもあります。

もし、転職という言葉が頭をよぎったなら、「自分はなぜ転職したいのか」「世の中にはどんな働き方があるのか」「その中で自分はどうありたいか」「今の自分には何ができて、何が得意で、逆に何ができないか」など、自分の志向やキャリア分析をすることをお勧めします。1人ではなかなか客観的な分析が難しいので、キャリアについて相談にのってもらえる、社内外の信頼できる人の存在が重要です。

そのような人に相談をして客観的な意見を求めたり、家族内で話し合ったりした結果、やはり転職をしたいと考えるなら、女性の場合、原則として、転職後少なくとも

1年以内での出産は避けたほうがよいと思います。法律上、産休は取れます。しかし企業には採用コストが発生していますので、実績や信頼が残せない中でブランクができることは、お互いのためにもできれば避けたいシナリオです。

子育て期こそキャリアプランをじっくり練る

「お迎えに行けっていわれても、すぐに職場を離れられないよ」

保育園からの「○○ちゃんがお熱です」という電話、すなわち「お迎えコール」は本当に恐怖です。仕事を突然強制終了させられるのですから、周囲への申し訳ない気持ちは、並大抵ではありません。このお迎えコールを受けて、どちらがお迎えに行くかの交渉が夫婦間で始まるわけですが、多くは妻の完敗で終わるのではないでしょうか。

突然のお迎えには、出張中でない限り、夫がほとんど対応しているという夫婦もいますが、一般的には、夫が子どものお迎えのために早帰りするというのは、ハードルが高そうです。夫が帰ろうとすると、「奥さんはどうしてるの」とか「子どもが小さいのになぜ奥さんは働いているの」と職場でいわれることもあるそうです。

複数のシナリオを準備

しかし、夫の仕事も妻の仕事も、ともに尊重されるべきなのはいうまでもありません。子どもが小さいうちは必ず、お迎えコールがあると思って準備しておく必要があります。夫と妻の仕事の種類によって、比較的時間の都合がつけやすいとか、反対に急には抜けられないなどの事情があると思います。夫婦どちらを保育園からの緊急連絡先に指定しておくかも含めて、やはり、ここは夫婦でミーティングを開く必要があります。

たとえば、突然のお迎えに対応ができる日は「○」、状況次第では対応可能な日は「△」、絶対に無理な日は「×」を、月初にカレンダーにそれぞれ記入しておきます。2人とも△の日は互いに連絡を取り合ってどちらが行くかを決め、どちらも×の日にお迎えコールが来た場合にどうするか、シナリオを複数用意しておきます。

都合がつけば行ってくれるという人を、できれば複数人、あらかじめお願いしておき、お迎えリストを作っておきます。お迎えコールを受けたら、お迎えリストの優先順位の高い人から電話をしていきます（シナリオ1）。

シナリオ1でお迎えが見つからない場合、緊急のお迎えに対応してくれるベビーシッター事業者に登録しておき、依頼の電話をします（シナリオ2）。ベビーシッターも必ず依頼できるとは限りませんので、複数の事業者の登録をしておくと安心です。

ひとまずお迎えに行ける人だけは調達できたとしても、夫婦どちらかが、できるだけ早く帰宅する必要があります。お互いの状況確認をしたうえで、どちらかが早めに帰宅できるようにします。

［注］

1　大槻奈巳（2015）『職務格差——女性の活躍推進を阻む要因はなにか』勁草書房

2　川口章（2001）「夫婦間分業——経済合理性による説明とその限界」『追手門経済論集』36（1・2）

3　大湾秀雄（2017）『日本の人事を科学する——因果推論に基づくデータ活用』日本経済新聞出版社：大湾は、統計的差別というのは自己成就的であり、女性に投資をしないという企業の意思決定が、女

性にとって継続就業の価値を下げ、離職を促すという

4 転職Hacks「給与の計算方法も紹介！――時短勤務すると給与はどのくらい減る？」https://ten-navi.com/hacks/article-291-25802

5 仕事と子育ての両立はできるが、昇進・昇格からは縁遠くなるキャリアコース

6 海老原嗣生・荻野進介（2018）『名著17冊の著者との往復書簡で読み解く 人事の成り立ち――「誰もが階段を上れる社会」の希望と葛藤』白桃書房

7 治部れんげ（2019）「夫の会社が妻の会社の育児支援にタダ乗り――カネカショックで露呈した現実」BUSINESS INSIDER、6月11日 https://www.businessinsider.jp/post-192525

8 雇用の分野における男女の均等な機会及び待遇の確保等に関する法律

9 第9条の3：事業主は、その雇用する女性労働者が妊娠したこと、出産したこと、労働基準法第65条第1項の規定による休業を請求し、又は同項若しくは同条第2項の規定による休業をしたことその他の妊娠又は出産に関する事由であつて厚生労働省令で定めるものを理由として、当該女性労働者に対して解雇その他不利益な取扱いをしてはならない

10 厚生労働省「あかるい職場応援団 相談窓口のご案内」https://www.no-harassment.mhlw.go.jp/inquiry-counter

第5章

ステップ5：ママ友・パパ友・ご近所づき合い・両親との関係でできる5つのこと

01

保育士、ご近所さんとよい関係作り

保育園を利用している親であれば、「お迎えに間に合わないかもしれない」という恐怖は、一度は経験するのではないでしょうか。子どもが成長してからも、必死の形相でお迎えに向かっている夢を見るという話はよく聞きます。

できるだけ多くの人に助けてもらう

保育士にも優しい人や厳しい人、タイプはいろいろです。ちょっと「考え方が合わないな」と感じるときもありますが、子どもがお世話になっていると思えば、そんなに強気に出ることもできません。人間修業だと思って乗り切りましょう。

子どもが小さい時期は多くの人たちの手助けが必要です。日常的にかかわる保育士と良好な関係を築いておくことは特に重要です。子どもの体調や睡眠、食欲といったことを連絡帳に書いて伝えるなど、普段から保育士がスムーズに保育を行えるよう、情報提供に努めましょう。

そのような蓄積が信頼関係の醸成につながり、多少融通をきかせてくれることもあるかもしれませんし、プロとしてのアドバイスを引き出せる機会が増えるかもしれません。

イザというときの駆け込み寺を確保しておく

祖父母が近くにいないと、近所の人に助けられることも多いものです。小学生になると、カギを忘れて出かけることもあります。親が帰宅するまで待たせていただける近所のお宅が複数あれば心強いです。

子どもが生まれる前は、職場や友人との関係だけですべてが完結できていたとしても、子育てをするとなるとそうはいきません。メディアで流れてくる大量の情報は真偽の判断も難しく、日々の

暮らしに役立つとは限りません。

むしろ、隣近所の人たちとのつき合いを通して、どこまで頼れそうか、どこまでかかわっていいのかといったニュアンスを探ったり、その人たちの家族構成やライフスタイル、好きなものなどの情報をインプットしたりしておくほうが、役立つ場面は多いものです。

「迷惑をかけたくない」という気持ちはわかりますが、そのあたりの頃合いは、つき合いを重ねるうちに、うまくバランスが取れてくるものです。

お助け隊を分散して確保

「世話になりたくない」気持ちもわかります。でも、世話になりたくない人には世話にならなくてもいいのです。あなたが「この人の頼みごとなら聞いてあげたい」と思うような人に、世話になればよいのではないでしょうか。

ただし、**特定の人に集中すると、相手も負担に感じたり、こちらも負い目を感じたりしますので、複数のお助け隊を確保しておき、できるだけ分散させることを心がけ**

ます。そして、都合の悪いときにははっきり断れるような関係性を作っておくことも大切です。

交渉事は楽ではありませんので、自分との交渉も必要になってきます。「人に頼るのはかえって面倒」「借りを作るのは癪」「いやいや背に腹は替えられない」「多少のことは目をつぶろう」など、諸々の自分の気持ちとの交渉を通して、着地点を探っていきます。

頼り頼られる関係の「お助け隊」を持つ

02

夫婦それぞれの親に役割を担ってもらう：無理のない範囲でできることを

夫婦それぞれの親からのサポートがあるかどうかは、重要なポイントです。共働き夫婦の相談を受けていて感じるのは、親のサポートの有無が、日常生活を送るうえでの負荷に大きく影響を及ぼしているということです。親世帯と同居するケースはあまり多くはないでしょうが、どこまで頼れるかは検討しておく必要があります。

親のサポートも不可欠

共働き夫婦が親にサポートしてもらおうと考えたとき、毎日ガッツリ家事と育児を担ってもらうことを考えがちです。そのため、親の年齢が若いと2人ともまだ働いているので頼れないとか、反対に高齢だとあまり無理をさせられないなど、早々に選択肢から外れてしまいます。

夫婦ともに両親が健在であるなら、4人がお助け隊になってくれる可能性があります。もっと柔軟に個々の事情を考慮しつつ、どこまでなら頼ることができそうかを話し合ってみてください。

これまで相談を受けた共働き夫婦が実践していた両親のサポート事例を、近居の場合と遠距離の場合に分けて、類型化したものを示します。

【近居の場合】
●毎日～週3日程度、保育園にお迎えに行き、親の自宅（もしくは共働き夫婦の自宅）で、夫もしくは妻の帰りを待つ
●子どもの発熱や共働き夫婦がともに帰宅が遅くなる日など、困ったとき限定で出動
いずれも、「お迎えのみ」のパターンと「夕食・お風呂つき」パターンあり

【遠距離の場合】
●1カ月～数カ月に一度、1週間程度滞在して家事・育児をサポートしてもらう
●親の仕事が休みの日限定で、車や新幹線等で助っ人に駆けつける

親のサポートか外部サービスかの二者択一ではない

上記以外にも、さまざまなパターンがあると思います。全員の名前を書き出して、可能なサポートを挙げていきます。そのうえで、第2章の家事スケジュール表と照らし合わせながら、**無理のない範囲でお願いできそうなことを、洗い出してみます。**それぞれの事情に即して、ほんの少しずつでもサポートしてもらえれば、だいぶ負担を軽くすることができます。

助けてくれる人に少しずつお願いする

03

「パパ」であることを最大限に活用する：世間の常識を逆手に取る

保育園や学校行事の年間スケジュールは、年度初めにあらかじめ知らされますので、ある程度、予定は立てやすいと思います。**夫婦で参加できる行事、それぞれが分担して参加するものなど、お互いの都合をすり合わせておきましょう。**

最近は父親の参加も当たり前になってきています。たとえ、父親の参加が少なくても先生や周りのお母さんたちから気を遣ってもらえたり、早く覚えてもらったりするメリットがあるかもしれません。

夫が役員を引き受けて、妻がサポート

年初には、役員選出という儀式もあります。そのような機会には夫が参加し、夫が

まず役員を引き受け、妻はその仕事をサポートするのもお勧めです。これが逆のケースだと、妻だけに負担がかかってしまう可能性が高いからです。

保育園や学童保育の保護者会だと、ほとんどの親が仕事を持っているため、一人一人にはあまり負荷がかからないように運営されていると思いますので、ハードルは低いかもしれません。

学校のPTAでも父親が中心となって役割を引き受け、限られた時間で効率的な運営をするための提案をすると、母親からの提案よりも理解が得やすいメリットはありそうです。

園や学校の情報を入手できる

兄弟姉妹がいる保護者であれば、役員の仕事を熟知していて、頼りになる人もいます。そんな頼りになる人のアドバイスを受けながら、黒子に徹するというのもありです。反対に、自分のペースでできるように仕切って、周囲の人にお願いすべきことを振り分けるやり方もあります。

役員を引き受けることで、親同士や先生とのつながりができ、園や学校の事情も理解できるようになります。特に、子どもが中学生や高校生になれば、以前のように学校であったことを話さなくなるかもしれません。**学校で何が起こっているか、進学や就職などに学校がどのように取り組んでいるかなど、先生から情報提供してもらえることもメリットです。**

保護者会やＰＴＡの役員は夫婦で分担する

04

頼れるママ友・パパ友を複数確保する：困ったときはお互いさま精神で

親子一緒に参加する行事には、どうにか都合をつけて、2人で参加するようにしてはどうでしょうか。子どものお友だち家族と仲よくなるチャンスです。子ども同士が楽しく遊んでいれば、大人同士も共通の話題が見つけやすいものです。ママ同士はあまり話したことがなくても、パパ同士で意気投合し、距離が縮まることもあります。1人より2人のほうが、交友関係が広がる可能性は高まります。

家族ぐるみでネットワークを広げる

子どもが野球やサッカーといったスポーツチームに所属すると、子どもたちを試合に連れて行く当番とか、練習時のお茶を用意する当番、お弁当作りなど、親の負担が重くなるケースもあります。その一方、親同士で交流する機会も増えます。親がコーチにスカウトされることもあり、地域で新たなネットワークが広がるかもしれません。

第3章第5節で、お迎えの時間帯が同じ仲間をグループ化し、困ったときにお互い融通し合う関係性を作ることを提案しました。親子参加行事をきっかけに、少しずつそのような関係を築いていけるかもしれません。

家族ぐるみのおつき合いになれば、お友だちの兄弟や姉妹とのつながりもできていきます。Kさんの息子が小学校低学年のとき、給食のない日にカギを忘れ、会社に電話をしてきました。お腹を空かせてたたずむランドセル姿の息子を想像すると、Kさんは居ても立ってもいられず、近所のママ友に電話をしたところ、その家のお姉ちゃんが出ました。

SOSを発信したり受け取ったりの関係作り

Kさんは息子のいそうな場所を伝えて、身柄を確保してくれるようお願いをしました。すると、お兄ちゃんとお姉ちゃんが張り切って出動してくれ、「無事身柄を確保しました」と連絡がありました。「お腹を空かせていると思うんだけど」というと、「今スパゲッティをゆでているから大丈夫」と心強い返事がありました。

反対に、**ママ友やパパ友のピンチのときは、できる限りのことをしてあげましょう。**子育て中は、日々不測の事態の連続です。人に迷惑をかけたくないとか、自分たちだけで何とかしようと思わず、SOSを発信してください。

その際は、やってほしいことを具体的に伝えることが重要です。頼まれたほうも引き受けやすく、「ここまでは私ができるけど、あとは○○さんにお願いしよう」といった具合に、新たなお助けネットワークが広がることもあります。

家族ぐるみのおつき合いでお互い助け合う

05 期待し過ぎず適度な距離を保つ

お願いごとをして断られるとバツが悪いかもしれませんが、本章第1節でも述べたように、気楽に断れる関係性も大切です。何をお願いするかによって、頼める人はだんだん固定されてくると思いますが、その人自身の体調が悪いとか、予定が入っているといったこともあるでしょう。特定の人に負荷がかからないよう、二重三重の準備をしておくと安心です。

グループで外部サービスなどのシェアも

ママ友・パパ友ネットワークの中に、ベビーシッターを組み込むことを考えてもいいかもしれません。つまり、ママ友パパ友と共同でベビーシッターを利用するのです。

会社によっては、兄弟姉妹に限るというところもありますが、子どもの友人と一緒でも引き受けてくれるところがあります。それぞれがベビーシッター事業者に登録する必要はありますが、基本料金に人数分の追加料金を払えばよいので、別々に依頼するよりも割安になることが多いようです。

割安だけど量が多い商品を大型スーパーで購入し、友人やご近所同士でシェアすることがあると思います。それと同様に、ニーズがマッチすれば、このようなサービスのシェアもお勧めです。

ほどよい関係性を探る

お助けネットワークのつながりの中から、親友と呼べる関係になることもあるかもしれません。しかし、最初はあまり深入りすることなく、慎重に、適度な距離を保つことを心がけたほうがよいでしょう。一方、ちょっと難しいなと思う相手であっても、子どもの成長とともに疎遠になるケースが多いので、さほど神経質にならなくてもよいとは思います。

気楽に断ることもできる、「ゆるいつながり」で助け合う

「ママ友やご近所づき合いって面倒。世間話できないし」

夫婦で子育てをするためには、できるだけ夫を巻き込むことが大切です。ただ、保育園でも学校でも父親は少数派です。母親同士の会話についていけなくて苦痛に感じることもあると思います。

母親同士の会話というのは、仕事上で交わす会話とはまったく異なります。スーパーの話、担任の先生の話、塾や習い事の話、クラスのいじめっ子の話など、話が縦横無尽に広がり過ぎることがあるため、どう相槌を打ってよいか、わからないものが多いです。

相槌は習うより慣れろ

あんまり気にせず、「へーそうなんですか」「知らなかったです」とか、相手の言葉をそのまま「ハア、あのスーパーが」「〇〇先生ですか」などと返しておけばよいのです。習うより慣れろで、そのうち慣れます。

実は、母親同士の会話が苦手というのは、男性だからというわけではなく、女性も苦手と感じる人は多いものです。話をしている母親本人も、当たり障りがないような話題を選んでいるのかもしれません。

普段から子どものお友だちの名前を話題に出すようにしておくと、顔を合わせたときに「○ちゃんのお母さんですか。はじめまして」と、スムーズに話に入っていけます。あるいは「○○の母です。いつもお世話になって」と話しかけられたときも、「仲よくしてもらっているようですね」などと反応することができます。

「おつき合い」はちょっとしたトレーニングととらえる

反対に、「誰のお父さんかしら」といった視線が集中して、気の弱い父親だと二度と行きたくないモードになってしまう可能性もあります。できるだけそのような事態を回避するために、いろいろな機会をとらえて、少しずつ馴染むように持って行ってはどうでしょうか。

母親同士がご近所づき合いをするのは、別に好きだからではなく、必要だからやっているという面もあります。子育てをする中での不可欠な要素だと割り切って、夫婦で助け合って乗り切っていってください。

第6章

産休・育休期、乳幼児期、小1の壁、中学受験の乗り越え方

01

産休・育休期にこそ家事・育児分担を

Lさんは、結婚前に「おっ、料理できるね」「おお〜、掃除もやる」と、しっかり夫（になるかもしれない人）を観察し、同時に、「あなたが転勤になっても自分には仕事があるのでついて行きませんよ」オーラを放っていたという戦略派です。Lさんの夫はもともと誰かに家事をやってもらうという発想がなく、それは出産後もまったく変わらなかったそうです。

しかし、一般的には、出産前は平等に家事分担をしていた夫婦であっても、妻が産休や育休を取ったのを機に、家事も育児もすっかり妻の役割になってしまったというケースが多いものです。

産休は安全な出産と母体回復のため

出産予定日は妊娠40週0日（280日目）に設定されますが、妊娠22週から出生後7日未満までの期間である周産期は、妊娠高血圧症候群や分娩時の新生児仮死など、母体や胎児、新生児の生命にかかわる事態が発生する可能性が高まります。

そのため、労働基準法には母性保護規定があり、妊産婦を妊娠、出産、哺育等に有害な業務に就かせることが禁止されています。また、妊産婦が請求すれば、法定労働時間を超える労働や時間外労働、休日労働または深夜業をさせてはならないと定められています。

産休というのも、母体を保護する観点から、労働基準法で定められたものです。正社員、契約社員、アルバイトなど、従業員の雇用形態にかかわらず、本人が希望すれば休業できます。出産予定日の6週間前（双子以上の場合は14週間前）から産前休業が、出産の翌日から8週間は産後休業が取得できます。そのうち産後6週間は、たとえ本人が希望しても働くことが禁止されています。

「パパ休暇」の特例あり

つまり、**産休は単なるお休みではなく、産前は出産を無事に迎えるために、そして産後は、母体が妊娠前の状態に回復する6～8週間を安静に過ごすための大事な期間です。**その期間に夫の果たす役割は重要です。

育休は子1人に対して原則1回ですが、子の出生後、父親が8週間以内に育休を取得した場合、特別な事情がなくても、再度、育休が取得できる「パパ休暇」の特例があります。特例の要件は以下の通りです。

・子の出生後8週間以内に育休を取得している
・子の出生後8週間以内に育休が終了している

また、子の出生後8週間以内に4週間まで取得できる「男子版産休[1]」も創設されました。

自治体によっては、産前産後で家事や育児の支援が必要な家庭に、ヘルパーが訪問する支援サービスを有償で行うところもあります。

6割以上の妻が産後クライシスを経験

子どもが産まれてから、急激に夫婦仲が悪くなったり、関係が冷え切ったりする現象を「産後クライシス」と呼びます。この産後クライシスを経験する母親は、6割以上という調査結果[2]があります。

そのうち9割以上は、産後半年以内に愛情の冷え込みを感じ始めるそうです。そのきっかけは、「自分優先の言動」「初めての育児なのに母親ならできると思っている」「夜泣きに対応してくれない」など、産後子育てに奮闘する母親に対し、父親の意識や言動に変化が見られないことでした。

産後クライシスに陥らないよう、パパ休暇等を活用して、家事や育児を妻に任せっきりにせず、親子での新しい生活基盤をともに築いていきましょう。

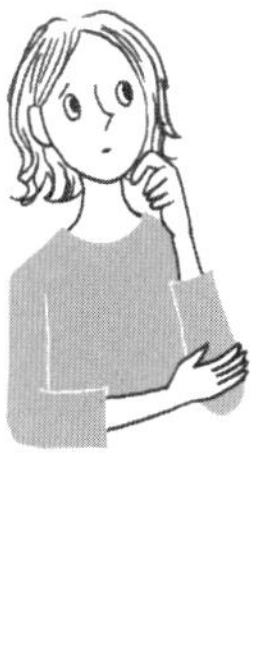

育休期間は職場復帰後の準備期間

産休が終了したあとは、希望により育休を取得することができます。育休の対象となるのは、１歳未満の子を養育する男女労働者で、子１人に対して原則１回の取得が可能です。有期契約労働者の場合、申出時点において、所定の要件[3]を満たすことが必要です。

育休期間中は、職場復帰のための準備をする期間と位置づけましょう。復帰後の生活をシミュレーションし、家事や育児に関して、夫婦の役割や夫婦を取り巻くサポート体制をどのように構築するかを検討してください。

計画通りにいかないことも多いと思いますが、夫婦で話し合っておくことで、たとえ予定外のことが起こったとしても、２人で軌道修正しながら乗り切っていけます。反対に、育休期間中に何もかも妻が背負ってしまうと、そのあとの予定外の出来事にも、すべて１人で対応する羽目になり、いずれ追い込まれてしまいます。

保育所等への入所を希望しているにもかかわらず、入所できないなどの事情がある場合、所定の要件[4]のもと、子が1歳6カ月に達するまで育休期間の延長が可能です（同様の条件で1歳6カ月から2歳までの延長可）。

しかし、育休期間が延びるほど、取り残されるような気持ちになり、職場復帰へのハードルは高くなります。保育園に入れるかどうかは、重要なポイントです。**0歳児クラスが入りやすいのか、1歳児クラスが入りやすいのか、お住まいの自治体の状況をよく確認し、子どもや親の状況を踏まえて、復帰時期を検討してみてはどうでしょうか。**

産休・育休のお金

労働基準法では産休中の賃金の定めがありませんので、労使の自主的な交渉に委ねられています。もし、産休中に賃金が支払われない場合、妻が被保険者となっている健康保険から出産手当金が支給されます。

支給される期間は、出産の日以前42日（多胎妊娠の場合は98日）から、出産の翌日以後56日までの就労しなかった期間です。支給額は、1日につき標準報酬日額[5]の3分の

2に相当する金額です。もし、この期間に賃金を受け取ったとしても、出産手当金の額よりも少なければ、その差額が支給されます。

育休期間中は育児休業給付金が受け取れます。1カ月あたりに受け取れる支給額は、育休開始時賃金日額×支給日数（通常30日）×67％（育休の開始から6カ月経過後は50％）です。

妊娠が判明したあと、時短勤務に移行するなどで給与が下がっていれば、出産手当金や育児休業給付金も下がってしまう可能性があります。そのことを考慮したうえで、支出を見直すなど、生活設計を立て直してください。

育休期間だからと妻が全部 家事・育児を引き受けてはいけない

02

乳幼児期は、親子の健康第一で

子どもが保育園に通う乳幼児期は、考えようによっては、安定的に育児や仕事が回せていける時期です。子どもの送迎に時間と手間がかかりますが、裏返せば、子どもの行動が親の目の届く範囲に収まっているということです。

保育園からは、毎日の連絡帳を通して、食事の様子やお友だちとの関係、成長の様子を伝えてもらえます。親からは家庭での出来事や心配なことなどを知らせて、保育園でちょっと気にかけてもらったり、アドバイスをもらったりできます。

保育園に通うことによって、子どもは基本的な生活習慣が身につきます。親にとっては、職業領域におけるキャリアの基盤を築く時期でもあります。この時期をどう過ごすかは親にとっても重要です。親子ともども、健康第一で過ごすことを心がけましょう。

看護休暇が取得できる

とはいえ、幼い子どもは急な発熱などで体調を崩しやすく、子どもが体調を崩すたびに親の看護が必要になります。**幼い子どもを持つ親を支援する看護休暇もあることを知っておきましょう。**

看護休暇とは、育児・介護休業法で定められた法定休暇です。正社員に限らず、契約社員やパート・アルバイトも制度の対象であり、ほとんどすべての労働者が対象となります。病気やケガの看護だけでなく、子どもの予防接種や健康診断のつき添いをするためにも取得できます。対象となるのは小学校入学までの子どもです。

看護休暇の取得は緊急を要することが多いため、当日でも、電話で口頭による看護休暇取得の申請が行えます。必要な手続きや診断書の提出は、後日出社してから行うことが一般的です。また、後述する年次有給休暇と異なり、看護休暇については企業側の時季変更権[6]はありません。

1年度につき5日（子ども・対象家族が2人以上の場合は10日）を限度として、時間単位で取得できます。看護休暇の申請を受けた場合、会社は必ず休暇を与えなくてはならず、それによって不利な扱いをすることは禁止されています。

ただし、給与については法律上の定めはないので、有給か無給かは勤務先の規定次第です。看護休暇を使うか有給休暇を使うかは、労働者の選択によります。

有給休暇を活用して心身を回復させる

Mさんは、1カ月に1回程度、有給休暇をとって、子どもとゆっくり過ごす日に当てています。保育園や学校関係のボランティアをしたり、丸1日を子どものために割いたりすることで、子どもが安定するだけでなく、Mさん自身も心のゆとりを取り戻せるといいます。

有給休暇とは、仕事を休んでも給与が支払われる休暇のことで、労働基準法が労働者の権利として定めているものです。法律上は年次有給休暇と呼び、休む理由は問いません。事業主は労働者から有給休暇の請求をされたときは、労働者が希望する日に有給休暇を与えなくてはなりません。事前に取得日を申し出る必要はありますが、事業主の許可を必要とするものではありません。

日本は、有給休暇の取得率が低いことが問題視されてきました。そのため、年10日以上の年次有給休暇を付与される労働者に対して、そのうち最低でも5日間を取得させることが、事業主に義務づけられました。労働者としての権利ですから、夫婦で話し合って、有効に活用してください。ただし、同僚や上司への配慮は忘れずに。

保育園で築いたネットワークを大事に

保育園最後の年は、小学校入学に向けて少しずつ準備を整えていきます。小学生になると、1人で行動する機会が増えます。自転車の乗り方や交通ルール、マナーなどを身につけさせることが、子ども自身の安全を守るためにも、他者を危険にさらさないためにも重要です。

ランドセルを購入したり、学用品や靴、体操服などを準備したり、持ち物に名前を書いたり、何かと面倒なことも多いものです。余裕を持って取り組めるよう、早めにやるべきことをリストアップして、休日などに夫婦で手分けして行いましょう。

一緒に卒園する子どもたちのうち、同じ小学校に入学する親たちと情報交換しておくことも心がけてください。保育園仲間なので、おそらく一緒に学童保育を利用することになると思います。地域によっては学童保育にも待機児童が発生しているようなので、小学校のことだけでなく、学童保育に関する情報も収集しておきましょう。

公立の学童保育だけでなく、民間の学童保育がある地域もあります。費用は公立が4000〜7000円程度ですが、民間は3万〜6万円程度と大きな開きがあります。民間だと宿題のサポートなど、さまざまなプログラムが用意されていることもあります。よく比較検討をしてみてください。

卒園後に備えて準備を

保育園はその年度の3月31日まで預かってくれますが、小学校入学は4月1日ではありません。入学前でも受け入れてくれる学童保育もありますが、そうでない場合もありますので、事前に確認をしておきましょう。
学童保育から子どもが帰宅する時間までに、親が帰れないこともあるかもしれません。子どもを気にかけてくれる人の存在は多いほどよいので、保育園仲間同士で、お互いの事情を共有しておくとよいでしょう。

隣近所の人にも、子どもが小学校に入学することを伝え、「今までより親の目が届かなくなるので、ご迷惑をおかけするかもしれません。何かあったら遠慮なく声をかけてください」と、挨拶をしておくとよいかもしれません。

保育園のときと生活習慣ががらりと変わってしまうので、子どもにとって、とまどうことが多いと思います。親と保育園のスケジュールにしたがっていればよかった生活から、自分自身で考えて行動する時間が多くなります。**学童への行き帰りのこと、帰宅後の生活のことなど、子どもと話し合って、ルール作りをしておきましょう。**

小学校入学まで情報収集と準備を少しずつ進める

03

小1の壁は学童保育だけでなく複数の「居場所」で乗り切ろう

「子どもが小学生になれば、保育園の送迎がなくなるので、楽になると思っていたら、かえって手がかかるようになってびっくりした」という声は多いものです。

いわゆる「小1の壁」です。実際、母親が正社員で働く世帯の数は、子どもが小学校に入学する前後で谷になっています。[7]

では、小学生の母親はどのような理由で正社員を辞めるのでしょうか。ワーキングマザーへの調査によると、「子どもの成長を身近で見ることができない」「子どもの精神的ケアが十分でない」「子どもに十分な教育ができない」といった子どものケア面に関する理由が多く、「自分の体力が持たない」との理由も目立ちます。[8]

せっかく乳幼児期を乗り切った共働き夫婦が、小1の壁に阻まれてしまうのはもったいないことです。その原因と対策を考えてみます。

学童保育は保育園より終了時間が早い

最も影響が大きいのは、子どもの帰宅時間です。保育園は夕方まで預かってくれますし、延長保育を導入しているところもあります。ところが、小学1年生の下校時間は午後2時から3時頃です。**学童保育を利用するにしても、保育園のときより終了時間が早くなるのが一般的です。**小学6年生まで預かってくれるところもありますが、多くは小学3〜4年生まで、地域によっては小学1年生までというところもあります。

保育園時代は親の送迎つきですが、学童保育が終われば子どもだけで帰ってくるケースが多いと思います。おとなしく帰宅して、家で親を待っている子であればよいのですが、お友だちと自転車で遠くまで行ったり、お友だちの家にお邪魔したりするかもしれません。

Nさんの息子が小学校に入学したばかりの頃、会社から帰宅してまずやることは、息子の捜索活動だったといいます。Nさん曰く、どうも保育園から解放されて「はじけて」しまったよ

うです。

小学生になれば学童保育以外のお友だちと遊びたくなるかもしれません。学童保育があまり面白くないと思えば、「行きたくない」といい出すかもしれません。そんなときは、仲のいいお友だちが行っている習い事に便乗するとか、送迎つきのスイミングスクールや体操教室など、第3章第4節を参考に、よく子どもと話し合って、学童保育以外の居場所を検討してみましょう。

保育園時代より親の関与が求められる

保育園時代は連絡帳を介して園と家庭の暮らしぶりのやり取りがあり、保育士がきめ細かい対応をしてくれていましたが、小学校になるとそうはいきません。年度初めに年間スケジュールを渡されますので、親はそれをもとにスケジュール調整をしなくてはなりません。

学校からのお知らせも、子どもが親に渡すのを忘れていたら、大事なお知らせをスルーしてしまいます。持って帰っていれば、ランドセルの中をチェックすればよいのですが、学校に置いてきてしまう子どももいます。

宿題や持ち物などの情報ネットワークが大切

食事と睡眠など、健康管理に気をつけていればよかった保育園時代と異なり、宿題や持ち物など、子どもが忘れていないか、注意深く見ていかなくてはなりません。忘れ物を確認できるような、同級生の親とのネットワークも大切です。

宿題をする時間も確保しなくてはなりません。学童保育で済ませてくればよいのですが、そうできるとは限りません。放っておいても1人でできる子ならよいのですが、ほとんどの子どもには、親が関与して机に向かわせる配慮が必要です。

工作用などにラップの芯や牛乳パックなどを持っていかなくてはならないこともあります。先生は、ある程度の余裕を持って子どもには伝えているはずですが、子どもがすっかり忘れていることもあり、前日に慌てることがあります。使いそうなものはあらかじめリサーチしておき、準備しておくとよいかもしれません。

どうしても間に合わないときは、お友だちの親に連絡をして、余分に用意できないか尋ねてみてください。たとえ用意できなくても、どうにかなりますので、あまり神経質にならないでください。用意できなかったお詫びを、連絡帳に1～2行書いて、子どもから先生に渡してもらってもいいかもしれません。子どもが先生に連絡帳を渡し忘れることもありますが。

学校関連には無頓着な夫の壁も

実は、**乳幼児期に家事や育児を平等に担っていた夫も、前項に挙げたような、持ち物準備や学校からのプリントチェックには無頓着というケースがとても多いです。**「気がついたら全部私がやっている」という不満や怒りの声をよく聞きます。

もしかしたら、保育園時代もタオルや着替え等の準備、連絡帳に記入するといった細々したことは妻任せだったのかもしれません。これはあくまでも傾向なので、逆のケースもあるでしょう。向き不向き、得意不得意は誰にもあるので、話し合って担当分野を決めるのもいいかもしれません。

主に宿題を見る担当、学校からのお知らせをチェックして、提出日等の締め切り日をカレンダーに記入する担当、日々の持ち物チェック担当など、適性を考慮しながら割り振ってはどうでしょうか。

そのためにも、学校行事への参加を妻任せにしないことです。

ただ、**PTAや授業参観などの学校行事は、ほとんどが平日に行われます。**両親が働いていることが前提の保育園と大きく違う点です。

とはいえ、行事は突然発生するものではないので、スケジュール調整をする余地はあります。必ず出席しなくてはならないわけではないですが、子どもの学校での様子を知ったり、お友だちの親と顔を合わせておいたりするのも大切です。年度初めの会だけは出るなど、優先順位をつけて、夫婦のどちらかが参加できるよう、日程のやりくりをしてみてください。

夏休みなどのお弁当作りはルーティン化で手間を省く

長期の休みがあるのも小学校と保育園の大きな違いです。学童保育はやっていますが、基本的にはお弁当持参で通うことになります。家事のシンプル化と同様、お弁当作りもシンプル化しましょう。

　夕食の材料をそのまま流用して、夕食準備と同時進行で翌日の弁当の下準備をしておくと朝の時間短縮になります。多めに作った料理を小分けして冷凍しておくなど、隙間をうめる調理済みの食品を常備しておくと便利です。

　かつては朝の身支度に手がかかったり、オムツ替えをしたりした時代もあります。小学生ともなれば親の手が煩わされる部分も減ってきます。共働きかどうかにかかわらず、休み期間中の昼食作りは発生します。ルーティン化した弁当作りなら、短時間で済ませられると前向きにとらえましょう。

　また、夏休みのサマーキャンプや冬休みのスキー合宿など、数日間のお泊まりイベントを提供している団体もあります。子どもが興味を示せば、そのようなイベントに参加させるのもいいかもしれません。

　ここまで見てきたように、小1の壁は確かに存在すると実感させられます。もし、小学校に上がるまでだからと思って、乳幼児期を妻1人で切り盛りしてきた家庭だと、その壁は一段と高く襲いかかります。

　今まで家事や育児にかかわっていなかった夫が、子どもの小学校入学を機に、協力的になるとは思えません。保育園のときから、夫婦で役割を分担することが小1の壁乗り越えの秘訣です。

子どもが引き起こすトラブルで高額の賠償請求も

子どもの行動範囲が広くなるにしたがって、トラブルに巻き込まれることも出てきます。たとえば、子どもが誤ってお友だちにケガをさせてしまうとか、他人の車を傷つけてしまうとか、自転車で走っていて誰かとぶつかってしまうとか、お店の商品を壊してしまうなど。

場合によっては、トラブルの相手から損害賠償を請求されることもあるでしょう。子どもが起こした自転車事故で、親に1億円近くの賠償責任が発生した例もあります。そうなると、手持ちの貯蓄で何とかなるというレベルではありません。このようなケースに備えて、**個人賠償責任保険に加入しておくこともお勧めです。**

個人賠償責任保険で備える

個人賠償責任保険とは、日常生活における偶然の事故により、第三者にケガをさせたり、財産を毀損させたりした場合の、法律上の損害賠償責任を補償する保険です。個人賠償責任保険の被保険者の範囲は、本人と生計を一にしている同居親族や別居の未婚の子が含まれます。子どものトラブルだけではありませんので、一家に一契約あると安心です。

火災保険や自動車保険の特約として付加していたり、クレジットカードにサービスとしてついていたりするケースがありますので、知らずに重複加入している場合もあります。補償内容は個々に異なりますので、一度確認してください。それぞれの契約の保険金額の合計額が、支払保険金の上限となります。

最近、自転車に乗る際には自転車保険等に加入することを義務づける自治体が増えています。その理由は、前述のように、自転車事故による高額の損害賠償判決が相次いだことです。

「自転車保険」といった名称でなくても、自転車事故で高額の賠償請求をされたときに、その賠償金を補償してくれる保険であればよいので、個人賠償責任保険に加入しておけば大丈夫です。

宿題や持ち物チェックなど負担大幅増。妻に集中しないように注意

04

第2子出産の壁

第1子出産前に就業していた女性のうち、出産後に仕事を辞めた人は46・9％です。[9] 第1子出産後の離職率が、長い間6割程度の高水準にあったことを考えると、大幅に低下したといえます。しかし、**第1子のときは無我夢中で、「仕事も育児も」と突っ走ってきたワーキングマザーも、第2子以降の出産で離職するケースは少なくありません。**

第2子出産を機に辞める人は21・9％、第3子出産時は20・9％です。[10] 正社員の女性が30歳で出産退職し、40歳から非正規で再び働き始めた場合、通算年収で8307万円の差が生じるとの試算もあります。[11] 子どもが増えると教育費負担も重くなります。せっかく仕事と育児を両立させてきたにもかかわらず、力尽きてしまうのはとても残念です。

仕事の継続はサポートの有無次第

夫の育児参加の頻度が高いほど、第2子の出生に結びつきやすいといいます。また、妻が就業している場合、親と同居していたり、保育所を利用していたりすると、第2子出生率が高い傾向が見られるといいます。[12] 第2子出産以降の離職も、家事や育児といったケア資源の有無が影響していそうです。

また、第2子の出生率は、子育ての不安や悩みの程度と明瞭な関連が見られ、第1子の出産から半年の時点で妻が無職である場合、不安や負担感が高いほど第2子を生みにくいという傾向があります。[13]

その理由として、就業している妻は、日中は保育所や祖父母に子どもを預けているのに対し、無職の妻は家庭で保育を行う時間が長いため、育児についての不安や負担がより直接的に、出生の選択に反映しやすいためだといわれています。[14]

無職の妻は家事や育児の負担を1人で担っているケースが多いと思います。周囲にサポートしてくれる人がいないと、第2子を生むのは躊躇するのかもしれません。その点、共働き夫婦の場合、保育園を通して子育ての情報を得やすく、第2子、第3子を育てている夫婦もいるので、不安は抑えられるのかもしれません。

第2子出産後の育休は第1子へのケアも含めた関係作り

育休制度の利用が、第2子出産へのスムーズな移行を促す効果を持つことも示唆されています。[15] 確かに、第2子出産後の育休は、第1子のときとは別の意味で貴重な期間です。

上の子にしてみれば、今まで独り占めしていた親を弟や妹に取られたように感じ、赤ちゃん返りをして親を困らせることも多いものです。親は「もうお姉ちゃん（お兄ちゃん）なのに」と、ついイライラしてしまい、怒ってしまうこともあります。

そんなときは保育園の先生や、先輩ママパパに相談してみてください。悩みを口にするだけでも自分を客観視でき、気持ちが落ち着くこともあります。本章第1節でも述べたように、産休や育休中も、母親は遊んでいるわけではありません。

夫は「2人目だから妻は慣れているはず」と思いがちですが、第2子ならではの大変さがあることを理解して、しっかり役割を担っていきましょう。

夫が平日に早く帰宅することが無理なら、休日に赤ちゃんの世話をお任せし、上の子と2人だけの時間を作るとか、シルバー人材センターやファミリーサポートセンター、民間ベビーシッターなどを利用して、家事や育児のサポートをお願いしてもいいと思います。

第2子出産を視野に入れた育休利用

Oさんは、第1子出産後は産休を取得しただけで、育休は取らずに職場復帰をしました。職場の上司や同僚との関係性は良好で、時間通りに退社できるよう心配りをしてくれます。職場の雰囲気がよく、とても理解があるからこそ、上司や同僚に負荷がかかり過ぎないよう、早々に復帰したといいます。

実は、それだけではない深謀遠慮があります。Oさんは第2子の出産を希望しており、そのときの上の子の年齢によっては、少し育休をとったほうがいいかもしれないと考えています。そのため、第2子のときに気持ちよく育休を取らせてもらえるよう、第1子のときには取らなかったというのです。

もちろん育休取得は法律で定められた権利です。ただ、第1子が1歳になるまで育休を取り、ほどなく第2子出産で産休育休を取るとなれば、職場での居場所がなくなると感じるかもしれません。

あくまでも保育環境が整うのであればということが前提ですが、第1子出産のときに「育休1年＋時短勤務」ではなく、早めに復帰して「子育て中もちゃんとやる人」という評価を獲得しておくと、第2子のときも肩身の狭い思いをせずに育休が取れるのではないでしょうか。

第1子出産前と、職場復帰から第2子産休入りまでの期間は、「一緒に働く仲間」と認識してもらうことを心がけてください。

第2子出産で離職しないために、準備と分担を

05

小4の壁の乗り越え方

小1の壁を乗り切ったと思ったら、次にやってくるのが「小4の壁」です。**一口に小4の壁といっても、いくつかの要因がありますが、主なものは「学童保育強制終了問題」「学習についていけない問題」「中学受験問題」の3要因です。**

学童保育の終了は、習い事や塾で乗り切る

学童保育の利用は小学3～4年生までというのが一般的です。しかし、地域によっては、もっと低学年までのところがあり、小1の壁を越えたと思ったら、早くも次の壁に見舞われてしまいます。

たとえ、受け入れてくれる学年だとしても、子ども本人が学童保育に行きたがらな

くなることも多いです。理由は、徐々にお友だちが塾や習い事を始めて学童保育に来なくなったり、もっと自由に遊びたいと思うようになったり、さまざまです。

そんなときは、先述のように、お友だちの習い事や塾に便乗させるのも1つです。本人と相談しながら、通えそうなものを探してみてください。

3要因をつなぎ合わせて解決をはかる

冒頭で挙げた3要因は、子どもの成長に伴ない必然的に起こることです。学習についていけない問題は、だんだん学習内容が高度になってきて、それまでは問題なく授業についていけていた子どもも、理解が追いつかなくなるケースです。

親が勉強を見てあげるという選択肢もありますが、親が教えようとすると、つい感情的になってしまい、お互いにストレスが溜まってしまう可能性があります。教師であっても、自分の子どもに勉強を教えることは難しいといいます。

そのような場合、学童保育に行っていた時間帯に、塾に通うことを検討してみてはどうでしょうか。親が帰宅するまでの時間、1人では机に向かいづらいという子どもも、学習する環境に身を置くことができます。

学童保育は行けなくなるし、勉強も見てあげなければいけないとなれば、妻が仕事を縮小するしかないといった気持ちになりかねません。でも、餅は餅屋です。**親は子どもが不安定にならないよう、気持ちの面でのケアを心がけ、学習面はプロに任せるという判断があってもいいでしょう。**

学童保育代わりの塾通いで中学受験が降ってきた

また、学童保育代わりに塾に通わせていたら、中学受験問題が降りかかってきたというケースもあります。Pさんは、子どもの友人が通う学習塾に便乗して、ポスト学童保育をしのいでいました。

ところが、子どもが小学6年生のある日、「○○ちゃんの成績だと、どこも受験できませんよ」と、塾の先生にいきなり最後通牒を突きつけられました。それまでは塾に行ってくれさえすればいいと思っていたPさんですが、子どもに気持ちを確認したところ、お友だちはみんな中学受験を目指していて、自分も受験をしたいとのこと。

「もっと早くいってよ〜」と慌てふためくPさんでしたが、子どもがやりたいといっている以上、何とかするしかありません。1時間早く起きて勉強をさせるという、自主朝練をスタートさせました。

子どもが保育園に通う時期と違って、Pさんは社内である程度のポジションを獲得し、部下もいる立場になっていました。そのため、自分の裁量で仕事のスケジュールをやりくりしながら、子どもの受験期を乗り切ることができました。

共働き夫婦だからできる過剰でない適切なサポート

中学受験となれば、小学校での学習範囲を超えた問題が出ることが多く、幅広い知識と応用力が必要になります。必然的に、学校から出される宿題の他に、塾からの膨大な課題もこなさなくてはなりません。

志望校によっては、親が張りついて子どもの勉強を見ていれば何とかなるかもしれません。そうであれば、最初から親はマネジャーに徹することを心がけましょう。

たとえば、学校の宿題や塾での学習内容を確認し、いくつかのパーツに分解して1日の生活習慣の中に組み込んでいき、子どもがルーティンで取り組めるようなスケジュール作りをします。

また、子どもがつまずくポイントがわかれば、必要なスキルをどうすれば身につけられるかをアドバイスしたり、学校や塾の先生に力を借りるほうがいいと判断すれば、どのように先生に質問すればいいかをアドバイスしたりします。

進学塾に通っていると、子どもの競争心が刺激されて、受験から降りるという選択肢はないかのように思わされてしまうことも多いと思います。親としては、中学受験をしない選択肢もあることを、心にとどめておく冷静さを保ちましょう。

中学受験と私立中学のお金のこと

どのような塾に入るか、どのコースを選択するかによっても異なりますが、**中学受験のための学習塾の費用は、住宅ローンや家賃がもう1本あるようなものです。**特に受験間際の6年生ともなれば、年間140万円くらいになることもあります。もし、兄弟姉妹がいるとなれば、その負担ははかり知れません。

塾の費用だけではなく、交通費や塾の前後の飲食費用もかかります。親との連絡用スマホ代なども必要かもしれません。

無事合格をしたとして、公立中学とは比較にならないくらいの学費がかかります。公立中学の学校教育費が年間で約14万円なのに対し、私立中学だと約107万円と7倍超にもなります。学校外教育費は公立・私立ともに30万円以上かかっていますから、小学6年生のときの塾費用がそのまま3年間続くことになります。

第1章のライフプラン表とにらめっこしながら、それだけの負担に耐えられるかどうかも、夫婦で検討する必要があります。

中学受験では親はマネジャーに徹する

「子どものやりたいようにやらせればいいんじゃないの」

学習塾の先生との面談やママ友ネットワークからの情報を得るにつれ、妻の中学受験熱がどんどん高まってくるケースがあります。そんなとき、夫の「子どものやりたいようにやらせればいいんじゃないの」というのんきな言葉にぶち切れてしまうこともあるでしょう。

「小学生にやりたいようにやらせるなんて無責任よ」

「親がちゃんとレールを敷いてあげないと」

「この子の将来がどうなってもいいの」

など、溜まっていた不満が一気に噴き出すなんてこともありがちです。

「夫のいうことに一理あるかも」と思ってみる

子どもの将来を思わない親はいません。ただ、夫と妻では見ている景色、インプットしている知識や情報に違いがあるのかもしれません。夫が「子どものやり

たいようにやらせる」ということの真意は何なのかを確認してみましょう。たとえば、

●子どもはさほど受験したいと思っていないのに、妻だけが突っ走っているように見えている
●子どもからのSOSを受け取った
●自分が子どもの頃の経験をもとに、あまり深く考えることなくいっている
●子どもがやりたいのなら、受験するのもいいかもしれないと思っている
●教育費の負担を心配している

などなど。

地域によっては、公立校が中高一貫になったり、高校で受験できると思っていた学校が、高校での募集を停止したりするなど、選択肢が限られるケースもあります。そのような最近の事情を共有し、どうすることが子どもにとってよいのかを話し合ってみてください。

親としてしっかり支え切る覚悟を持つ

中学受験が人生のゴールではありません。その後も、子どもの人生は続いていきます。志望校に合格するにせよ不合格にせよ、子どもに与える影響は甚大です。思い通りの結果にならなかったときに、子どもをどう支えるかということも考えておく必要があります。

また、中学受験と、それに続く私立中学の教育費負担の重さを考えると、夫婦の将来にも大きな影響が及びます。夫婦の合意なく進めることは無謀です。何のための受験なのか、子どもにとってそれがよい選択なのか、志望校はどのような基準で選ぼうとしているのかなど、親子でしっかり話し合って、後悔のない判断をしてください。

その結果、やはり中学受験に挑戦するとなれば、夫婦でどのような役割分担をするかを決めて、子どもが安心して受験に臨めるようにサポートしてあげてください。

［注］

1　法律上は「出生時育児休業」の名称で、従来の育休制度とは別に取得可能。2022年10月施行

2　カラダノート「ママびより」https://mamab.jp/ メルマガ登録者およびママびよりシリーズアプリのユーザーを対象に「産後クライシス調査」（調査期間：2019年9月25日〜10月1日）を実施（n＝1202）

3　①同一の事業主に過去1年以上継続して雇用されていること　②子が1歳6カ月を経過する日までに労働契約期間が満了し、更新されないことが明らかでないこと

4　①認可保育園への入園を申し込んでいるが、1歳以降も入園できる見込みがない　②配偶者が、病気や死亡などにより子どもの養育が困難である、のいずれかに該当

5　支給開始日以前12カ月間の各標準報酬月額を平均した額÷30日

6　従業員が請求してきた日とは別の日に有給休暇を変更してもらうことで、事業の正常な運営を妨げる場合に限る

7　厚生労働省「2019年国民生活基礎調査」

8　パーソル総合研究所「ワーキングマザー調査」（調査期間2019年1月9〜17日）

9　国立社会保障・人口問題研究所「第15回出生動向基本調査（結婚と出産に関する全国調査）」

10　注9と同じ

11　第一生命経済研究所「ニュースリリース　出産退職の経済損失1・2兆円——退職20万人の就業継続は何が鍵になるか?」2018年8月1日

12　厚生労働省大臣官房統計情報部編「21世紀出生児縦断調査及び21世紀成年者縦断調査特別報告書（10

年分のデータより）」

13　注9と同じ

14　注9と同じ

15　注9と同じ

終章

妻と夫が「共働きの壁」を克服すべき5つの理由

序章では、私たちが生きている現実の社会は、「男は仕事、女は家庭」を前提としていた時代とは一変していることを述べました。では、「男は仕事、女は家庭」で生きていた人たちがすべてハッピーだったかといえば、必ずしもそうとはかぎりません。

離婚の相談で弁護士に罵倒された女性

Qさん（相談時60歳）の夫は一切家庭を顧みず、自分のことや自分の親に対しては惜しみなくお金を使う一方、生活費は入れたり入れなかったりで、Qさんのパート収入で何とか食いつないできました。離婚を考えているが、経済的に成り立つものなのかといった相談でした。

Qさんは30歳くらいの息子につき添われて来ました。しばらく私と母親のやり取りを黙って聞いていた息子は、一通りの相談が終わるころ、「いい年をした息子が母親についてくるなんて、マザコンだと思ったでしょうね」と、ニコニコしながら口を開きました。

実は、Qさんは私のところに相談に来る前、行政の弁護士相談を利用しました。若い担当弁護士は、Qさんの話を聞くなり、「あなたのわがまま」「なぜ我慢ができない」と罵倒し続けたそうです。

帰宅後、自分が悪いのだろうかと落ち込む母親を見かねた息子は、「弁護士以外の人に相談してみよう」と、嫌がる母親を引っ張ってきました。また同じような対応をされるといけないので、横でずっと見守っていたのでした。

担当弁護士は「男は仕事、女は家庭」を強固に身体化し、女性は男性につきしたがうものという信念を持っていたのかもしれません。

婚姻破綻による女性の貧困

かつてもさまざまな事情で結婚が破綻し、経済的困難を抱えてしまう女性もいたことでしょう。日本における2020年の離婚件数は19万件[1]です。**生活の糧を夫に依存していたとすれば、離婚後の困難は察するに余りあります。**すでに述べたように、そもそも女性の賃金は低く抑えられています。ましてや稼ぎ頭が別にいることを前提とするパートタイム就労では、自活できるだけの賃金は望めません。

子どもを抱えての離婚となると、サポートしてくれる家族でもいないことには、さらなる経済的苦境に陥ります。子育て世帯の平均税込収入（調査前年分、就労収入・社会保障給付・贈与・財産収入などを含む遺産以外の総収入）は、母子世帯299・9万円、父子世帯623・5万円、ふたり親世帯734・7万円、中央値は、母子世帯250万円、父子世帯400万円、ふたり親世帯665万円です。[2]

世帯収入から税金・社会保険料等を除いたいわゆる手取り収入が、厚生労働省公表の貧困線を下回っている世帯の割合は、母子世帯51・4％、父子世帯22・9％、ふたり親世帯5・9％となっています。貧困線とは、手取り収入を世帯人員の平方根で割って調整した所得の中央値の半分の額のことです。手取り収入が貧困線の50％に満たない「ディープ・プア（Deep Poor）」世帯の割合は、母子世帯13・3％、父子世帯8・6％、ふたり親世帯0・5％です。

ライフサイクル論がもたらす女性の低賃金

多くの女性たちが、一見合理的に思えるライフサイクル論にしたがって、出産後は子育てに専念し、子どもの手が離れたら夫の扶養の範囲内で働くという生き方を選択することにより、女性の労働は非正規雇用などの形で中枢から外れ、低賃金にとどまり続けます。正社員の賃金と、家計補助的なパートやアルバイトの賃金が切り離されている日本では、最低賃金の引き上げへの動きにつながりにくいという事情があります。[3]

その結果、主たる稼ぎ手であるにもかかわらず、シングルマザーたちの賃金も低くとどまり、貧困化に拍車をかけることにつながります。シングルマザーの貧困は自分に関係ないと思っている人もいるかもしれませんが、**パートナーとの死別・離別の可能性はゼロではありません。**男性の賃金も低下傾向にあり、今後もその傾向は続くと思われます。

税・社会保険料を負担しない働き方を選択する女性が多いのが現状ですが、「情けは人の為ならず」、税や社会保険料は人のためではなく、将来の年金額の増加につながったり、病気やケガで仕事を休んだときの保障であったり、ブーメランのように自分に帰ってくるものという発想も大事です。

妻との離死別で男性も苦境に

母子世帯の貧しさは明らかですが、実は父子世帯も困難を抱えています。男性の働き方は、家事や子育てを引き受けてくれる女性がいることが前提になっており、子を優先させれば働ける場が限られてきます。そうなると収入の大幅な減少は避けられず、収入を優先させれば子育てが困難となります。女性差別をする社会の仕組みは、同時に、男性抑圧をともなう社会にほかならないのではないかと問う声もあります。[4]

父子世帯になったことを契機に転職をした人は24・7%で、仕事を変えた最も大きな理由として「労働時間が合わない」と答えた人が22・9%と最も多くなっています。[5]

Rさんは、結婚と同時に「男性も家事は当たり前にするものだ」という妻の方針のもと、日々厳しい特訓を受けていました。そのため、子どもがまだ幼い頃に妻を亡くしたものの、その後の生活で家事そのものに不自由はなかったといいます。Rさんは、「まさかこんなに早く妻が逝ってしまうとは思いもよりませんでしたが、家事ができるようになったことは、妻が私に残してくれた贈り物だと思っています」と語っています。

ただ、仕事で帰りが遅くなるのはつらかったようです。Rさんは郊外の団地に住んでおり、ちょうど同じような子育て世代が多かったことから、ママ友にずいぶん面倒をみてもらいました。「これも妻が生前にママ友のネットワークを築いてくれていたおかげ」と振り返ります。

Rさんのケースは、ご自身の家事力とご近所ネットワークで乗り切れましたが、そうでなければ、1人で子育てしながらの長時間労働は難しく、やむなく転職となれば収入減は避けられなかったでしょう。

当時、父親が1人で子育てをしていると、周囲から奇異な目で見られることも珍しくはなかったようです。「子育て＝母親」という強固なイメージのため、「父親が1人で子どもの面倒見られるの？」など、心ない言葉を投げかけられることもありま

す。[6]

妻と離別したSさんは、そのような周囲の目に耐えつつ、息子を自分の手で育てようと奮闘していました。しかし、常に「父親は母親にはかなわないのかもしれない」という後ろめたさを抱えていました。そのようなSさんの気持ちを察したのか、ある日息子から「やっぱりママがいい」といわれ、ショックを受けてしまいます。

子育て＝母親のイメージによって、息子に対しても「ママがいなくて寂しいでしょう」という世間の目が注がれます。Sさんは子育てと仕事の両立だけでなく、自分自身の思い込みや世間の目とも格闘しなくてはなりませんでした。

なぜか老後の入り口で「お金がない」人たち

配偶者との離別や死別がなくても、思いがけず老後に経済的ピンチを迎える人たちもいます。さまざまなケースを自営業と会社員に分けて、単純化してご紹介します。

自営業のTさん夫婦は、高度経済成長期に自営業として羽振りのいい時代をそれなりに過ごしてきましたが、老後の入り口に立ったときに「お金がない」「年金が少ない」

と立ちすくみ、相談に来ました。

羽振りのいいときのお金の使い方が習慣となっていたため、国民年金だけでは生活を賄うことができません。預貯金があればよいのですが、無理をして商売を続けてきたことにより、廃業のタイミングを逸して余力を失っていました。

また、誰もが聞いたことのある企業に定年まで勤め上げた夫と専業主婦のUさん夫婦は、それなりに退職金も受け取ったはずなのに、どういうわけか「お金がない」と相談に来ました。妻は、毎月夫から渡される生活費でやりくりをしていましたが、貯蓄はしていませんでした。

夫から渡されるお金は、生活費だけで消えてしまうくらいの金額だったため、「夫がお金を貯めているに違いない」と気にもしませんでした。ところが、退職後、蓋を開けてみたらお金がなくてビックリというわけです。

このケースのように、うっかり退職金を早期に使い果たしてしまう人も、ときどき見聞きしてきました。その要因には、退職後の副収入を目当てに詐欺まがいの投資商品に手を出したとか、現役時代から複数の投資用不動産を購入し、ダメ押しで退職金もほとんど注ぎ込んだとか、定年後の居場所を求めて事業に携わり、退職金を注ぎ込んでいるうちに深みにはまるなどです。

序章でも述べたように、今や退職金は右肩下がりで、制度自体を見直す企業もあります。たとえば、退職金制度を確定拠出年金制度に置きかえる企業も増えており、企業型確定拠出年金の加入者数は約750万人にのぼります。

退職金や企業年金は、将来、社員が辞めるときに支払うことを約束するものなので、企業の「債務」とみなされます。一方、確定拠出年金制度にすると、運用の結果は社員1人1人の自己責任となるため「会社の債務」とはなりません。このようなことから、企業規模にかかわらず、導入に踏み切る企業が相次いでいるのです。

このように、現在はあらゆることが親世代とは異なっています。親世代の失敗を反面教師とするために、もう少し話を続けます。

夫婦間の風通しの悪さが招いた苦境

このような相談の際には、まず、現時点での年間のお金の「入り」と「出」を確認し、資産と負債を整理することで現状を正しく認識します。そのうえで、このままの状況が続くとどうなるかという危機意識を夫婦で共有します。次に、なぜこのような現状を招いてしまったのか、その要因を探っていきます。要因を分析することで、現実的な解決策を導くことができるからです。

実態が明らかになるにつれ、妻が怒り出すこともあります。「なぜもっと早くいってくれなかったのか」「わかっていれば私だって協力できたのに」というのが、怒りの理由です。夫は現役時代、稼ぎ手役割を一手に担ってきました。今さら妻に苦境をいい出せなかったようです。

相談の途中で、妻に少しの間、席を外してもらい、夫と2人だけでじっくり話を聞くケースもあります。妻が知らない情報を聞いたとき、「○○様（妻の名）にお伝えしていいですか」と尋ねると、ほとんどは「伝えていい」とおっしゃいます。おそらく自分ではいい出しづらく、第三者から伝えてもらいたかったのだと思います。

何はともあれ、現状を共有できたなら、解決に向けてのスタートが切れます。いくつかの方法をテーブルに乗せ、「できること」「できないこと」「やりたくないこと」などを検討していきます。最終的に、夫婦がお互いに納得できる解決策が決まったら、ひとまずやってみようということになります。

ベストプランより夫婦双方が納得するプラン

こうして決まった解決案は、必ずしもFP的にベストなものとは限らず、回り道だなと感じることがあるのですが、当人たちが納得して取り組むことが大事なので、それは最大限尊重します。また、話し合いのときは盛り上がっていても、日常生活に戻るとなかなか実行できないこともあります。そのため、やってみたうえで不都合が出た場合は、「その都度話し合って修正をしていってください」と申し上げます。

つまり、絶対に間違いのない完ぺきなプランを作ることが目的ではなく、現状を正しく把握して認識を共有し、将来を想像し、予定外のことや不具合が生じたときは、互いに意見を出し合って解決につなげるというプロセスが重要なのです。

現役世代の読者の皆さんが生きる社会は、未だ「男は仕事、女は家庭」の残像の中にあるとはいえ、その価値観はゆらぎ始めています。先人たちの失敗を反面教師とし、家庭内の風通しをよくして、対等に意見をいい合える関係作りを目指してください。

本書では、雇用されて働く人が圧倒的多数であることから、会社勤めする人を中心に話を進めてきましたが、フリーランスや起業など、働き方は幅広いものです。働く形態はどうであれ、経済的責任と家事やケア責任を、夫婦ともに担うことの重要性をお伝えしてきました。

しかし、現実に目を向けると、女性がパート就労に転換したり専業主婦になったりすることへの心理的ハードルは低く、その背景には、本書で述べてきたさまざまな壁の存在があります。それらの壁は、これまでの常識がゆらぎ、新たな時代に転換するための生みの苦しみなのかもしれません。**女性が仕事を手離さずに済むよう、夫婦で協力して共働きを阻む壁を克服してほしいと考えます。**私がそのように考える理由は5つあります。

なぜ共働きの壁を克服すべきなのか

理由1：人生におけるリスクヘッジのため

ここまで読んでくださった読者には説明不要だと思います。長い人生には何が起こるかわかりません。夫との離別や死別が待っているかもしれません。人生は予定通り、希望通りになるとは限りませんが、自活できる収入を持っていれば何とでもなります。家庭内の収入源を分散しておくことは、経済的リスクを小さくすることができます。

また、病気やケガ、リストラなど、本人の努力だけではどうにもならないことが起こった場合、1人だと降りかかるリスクを身1つで対処しなくてはなりませんが、ともにリスクに立ち向かうパートナーがいれば、支え合って乗り越えることができます。

理由2：人生における選択肢を広げるため

理由1と理由2は関連し合っています。自活するだけの収入があれば、婚姻関係を結ばずに生きていく自由が選べます。あるいは、収入の多寡にかかわらず、相性でパートナーを選ぶことができます。破綻した夫婦関係を、経済的理由で維持する必要はありません。**子どもの教育や住まいの選択肢も広がります。**年金世代となったとき、パートナーと2人で築いた資産や、それぞれの公的年金が老後の暮らしの自由度を高めてくれます。

子育て真っ最中で、ひたすら目の前のことをこなすだけの日々、時間の制限なく働ける人を羨ましく思うかもしれません。「時間があればもっといい仕事ができるのに」と忸怩たる思いをすることもあるでしょう。振りかかるアクシデントの連続に冷や汗や脂汗を流しつつ、舞台裏を隠して澄まして仕事を続ける毎日が、仕事と向き合う覚悟を徐々に固めてくれます。

人生100年時代の現在、定年を迎えたあとに数十年という年月が控えています。選択肢が多ければいいというわけではないでしょうが、「これしか選びようがない」状況より、「あれもこれも選べるけど、私はこれを選ぶ」ほうが気持ちは豊かでいられます。夫婦で家事を担っていれば、どちらかがしばらく家を空けることも可能でしょう。

理由3：パートナーと大人同士の対等な関係を保つため

家族を形成しようと思った相手とは、対等な関係であり続けることが健全です。病めるときも健やかなるときも支え合うためには、相手へのリスペクトが不可欠です。どちらの収入が多いとかは、関係ありません。病気や障害のために何らかのサポートが必要であれば、それは当然なされるべきでしょう。だからといって主従関係になる必要はありません。

男性は家族を養うための稼ぎを求められ、女性は家事を完ぺきにこなしたうえで、家族に迷惑をかけないように働くことが求められるのは、対等な関係とはいえません。お互いの仕事を尊重し、家庭役割を2人で担っていき、差し迫るピンチには支え合って対処する、その積み重ねの先に成熟した大人同士の関係が形成されるのだと思います。

理由4：子どもと大人同士の対等な関係を作るため

子どもはいずれ家族から卒業し、自分の人生を歩み始めます。その日に備え、基礎力をつけるためのサポートをするのが親の役割です。親だからといって、いつも正しいとは限りませんが、日々の積み重ねの中で、子どもは親に対して特別の親しみを感じるはずです。

身体的ケアが必要な時期は限定的です。子どもの成長にともなって、親は子どものお世話をする人としてではなく、人生の先輩として仲間として、対等な関係に移行していきます。

いつか大人になった子どもと、大人同士として対等に向き合うためには、親自身が

自分の世界を持っていることが大切です。そうすると、親を通して見る子どもの世界観は広がりを持ちます。

一方、子どもは親が経験したことのない世界を経験していきます。子どもを通して見る親の世界観も広がりを持ちます。そのような自分とは異なる世界を持った、近しい者同士の関係性は子どもにとっても親にとっても豊かなものとなります。

理由5：男性らしさ女性らしさではなく「私のまま」生きるために

リーダー的なポジションにつく女性には、「女性ならではの視点」「母親としての経験」など、男性には決して用いられることのない形容詞が付されます。女性自身もそのような表現で風当たりを和らげようとする傾向があるようにも感じます。

今はまだまだ、女性がリーダーシップを発揮することにネガティブな反応がつきまとうことも多いでしょう。しかし、女性が当たり前に仕事を続けるうちに、自分で決めなくてはならない場面が多くなり、失敗をしながらも経験値を少しずつ積み上げることによっていくらでも活躍できると思います。

逆に男性は、強くたくましくあらねばならないとか、弱音を吐いてはいけないといったプレッシャーにさらされています。また、一家を支えなくてはならないという縛りから、本当にやりたい仕事をあきらめるケースもあるかもしれません。

「私のまま」生きるというときの「私」は、常に変化し成長し、流動する「私」です。「私ってこんな人なの」とか「私には無理」と自分を囲い込むのではなく、外界と触れ合い、ときには失敗しながらも、新たな「私」を発見し、1年後の自分がどうなるのかワクワクすることです。男性だからとか女性だからとか、もう年だからとか、子どもがいるからとか、そんなことでタガをはめるのは「私のまま」ではありません。

必ずしも仕事を持つことだけが「私のまま」生きることではありませんが、互いに仕事を持つことによって手に入れることのできる自由や成長の機会は多いものです。「お金がないから共働き」ではない、新しい私たちの物語をともに生み出しましょう。

[注]

1　厚生労働省「令和元年（2020）人口動態統計の年間推計」

2 労働政策研究・研修機構「子どものいる世帯の生活状況および保護者の就業に関する調査2018――第5回子育て世帯全国調査」

3 濱口桂一郎（2009）『新しい労働社会――雇用システムの再構築へ』岩波新書

4 春日キスヨ（1989）『父子家庭を生きる――男と親の間』勁草書房

5 厚生労働省「平成28年度全国ひとり親世帯等調査結果報告」

6 Smartlog「シングルファザーの悩みあるある9選。父子家庭ならではの魅力も解説」https://smartlog.jp/149509#S39415633

特別付録 1

共働きでよくある「10の疑問」に答えます

Q1 夫婦ともに、両親が近くにいません。大丈夫でしょうか？

A1 確かに夫婦どちらかの親が近くにいると心強いものですが、近くにいないから無理とは限りません。どのような形でならサポートが可能かを話し合ってみてはどうでしょうか。

たとえば、1カ月に一度、あるいは数カ月に一度くらい、何日間かサポートに入ってもらえるなら、ずいぶん助かります。

自宅に来てもらうのは心理的に抵抗があるとか、スペースの問題で自宅に泊まってもらえない場合、夏休みや冬休みなど、一定期間、子どもを預かってくれないかお願いしてみてはどうでしょうか。

「何かあったらいって」とか「困ったときはいって」といわれていても、普段から子どもに接していないと、いきなり発熱した子どもの面倒をみるのは、預ける側も預かる側もハードルが高いです。何事もないときに、お互いに少しずつ慣れていったほうがよいと思います。

過度な負荷がかからない程度に、夫婦双方の親にサポートしてもらえるなら、日常的な子育てはずいぶん楽になります。

とはいえ、親にも自分の生活がありますし、心身ともに負担をかけるのではと思うと、頼みづらいかもしれません。そのような場合は、**ファミリーサポートやベビーシッター等、利用できるサービスや頼れる人を洗い出して、家事・育児の支援ポートフォリオを作ってみてはどうでしょうか。**

Q2

大企業でないので、これまで女性は出産すると退職していました。出産にあたりどうすればいいか困っています。

A2

これまで出産を機に辞めた女性は、どのような理由で辞めたのでしょうか。個々の家庭事情によるものであれば、あまり気にすることはありません。

もし、産休や育休が取りづらい雰囲気があるなら、その理由は何でしょうか。**人数が少なく、代替要員がいないためということであれば、交渉する余地はありそうです。**

会社としては、人を雇ったり、仕事を教えたりといった新たなコストが発生しますから、慣れた人に引き続き働いてもらったほうがいいはずです。よく、「会社に迷惑をかけるから」という人がいますが、辞められるほうが会社にとっては迷惑かもしれません。

ただし、体調や今後の健康のこともありますので、産休を取ることは当然の権利として主張してください。一方、育休は無理そうだとなれば、リモートワークを増やしてもらったり、期間限定で出社を減らしてもらったり、あるいは時短勤務など、待遇面も含めて、折り合える着地点を探ってみてください。

Q3 家事を外注したくても、お金がありません。何を優先したらいいでしょうか。

A3 定期的に食材を届けてもらうサービスを利用したり、冷凍食品やお惣菜等を利用したりするところから始めてはどうでしょうか。割高に感じるかもしれませんが、計画的に利用することで、無駄な買い物を防げますし、食材を余らせて無駄にすることも少なくなります。何より買い物の時間が節約でき、気持ちにゆとりを持てるのではないでしょうか。

また、市区町村単位で置かれているシルバー人材センターが提供する、育児や家事支援のサービスもチェックしてみてください。ベテランの方に家事のコツを教わったり、育児の相談にも乗ってもらえたりするかもしれません。

Q4 冷凍食品を使っていると、夫に手抜きだと言われました。

A4 平日の食事作りを夫と分担していて、夫が冷凍食品を使わない主義であるなら、夫から料理のコツを学んではどうでしょうか。もし、夫が休日のみの食事担当で、手の込んだものを作るタイプであれば、多めに作ってもらって冷凍しておいてはどうでしょう。

冷凍食品はプロが手をかけて作っている商品なので、手抜きではありません。時間のない中で慌てて作るより美味しいかもしれません。盛りつけを工夫したり、冷凍の揚げ物に手作りの野菜あんやソースをかけるなど、ほんのひと手間で手抜き感は回避できます。

Q5 会社まで遠くて1時間半以上かかってしまいます。どうしたらいいでしょうか?

A5

賃貸にお住まいであれば、夫の会社と妻の会社の双方から同程度の距離で保育事情もよい地域に移り住むことを考えてみてはどうでしょうか。夫婦どちらかの親が近くに住んでいるといった事情があれば別ですが、**多少家賃が高くなっても、共働きを続けられる環境を整えるほうが長い目で見たらお得なケースは多いものです。**

仕事も家庭も時間に追われる毎日だと、妻のほうが時短勤務にするとか非常勤に転換するといった方向に流れがちです。そんなときは、時短勤務等で年収がどのくらい減るかを試算してみてください。

次に、どのくらいの通勤時間ならがんばれそうかを考えてみてください。往復3時間かかっていたものが1時間くらいになれば何とかやれそうというのなら、条件に該当する地域の家賃を調べてみます。

仮に、時短勤務等で100万円の年収減になるとすれば、家賃が今より5万円くらい上がっても家計としてはプラスです。将来の厚生年金額を考慮すれば、さらにプラスですし、通勤にかける体力や気力も節約できます。

子育て終了後の長い人生を考えたとき、この時期の踏ん張りが職業キャリアに与える影響は大きいものです。常勤を続けていたら得られるかもしれない機会を手離す決断には、くれぐれも慎重になってください。

Q6

定時で帰ると余裕がないので、時短勤務をしようと思っていますが、迷っています。

A6

時短勤務を決断する前に、余裕のなさを解消できる方法を、家庭でできることと職場でできることの双方から検討してみてはどうでしょうか。

家庭でできることとしては、Q5のように転居を検討するとか、家事や育児をシンプル化して夫婦の分業体制を見直すとか、家事サービス等の外注を検討する。職場でできることとしては、ワークフローを見直して効率化できるところがあれば提案したり、リモートワークで対応できる部分があれば取り入れてもらえるよう交渉したりといったことです。
それでも時短勤務をしようと思うなら、今後のキャリアについて上司と相談し、時短勤務中に担う役割や、フルタイムに戻る時期等の見通しを持ったうえで切り替えるようにしてはどうでしょうか。

Q7

夫は激務で毎日深夜の帰宅です。私は残業なしのフルタイムで、ワンオペ育児は限界です。

A7 平日において夫の家事・育児の分担が現実的でないなら、第3、第4の手を使うことを考えましょう。たとえば、夫やあなたのご両親や兄弟姉妹、友人知人などに、少しずつサポートを依頼することはできないでしょうか。

保育園のお迎えをお願いして、子どもと家で待っていてもらい、会社帰りにちょっと贅沢なお惣菜などを買って帰って、夕食を一緒に食べるというのもいいかもしれません。あまり負担にならない範囲で、徐々に子どもにも慣れても

らい、サポートの手を増やしていくのです。

また、最も負担に感じる部分を外注するやり方もあります。毎日の食事作りが負担であれば、週何回か調理済みの食事を届けてもらうサービスを利用したり、換気扇や水回りの掃除など、ピンポイントでプロにお願いしたりといったことを検討してみてください。

あまり、家庭内のことを完ぺきにこなそうと思い過ぎないでください。**心も体も健康第一で、自分を甘やかすことも必要です。**それは自分のためだけでなく家族のため、将来のためでもあります。

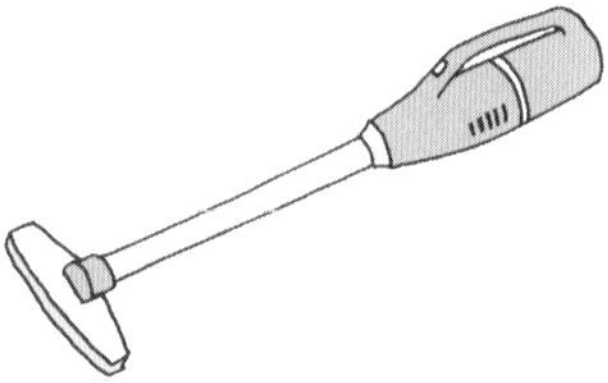

Q8

フリーランスなので時間が自由になると思われているみたいで、夫の協力がまったく得られません。

A8

フリーランスは、自分で時間管理ができる点では自由と言えなくもありません。

しかし、引き受けた仕事は納期までに終わらせなくてはならず、週40時間以内の労働といった縛りもなければ、残業代が出るわけでもありません。

家庭を優先して、引き受ける仕事をセーブすれば、当然ながら収入減につながります。ご自身の仕事や今後のキャリア展望について、常日頃から夫と話し合って理解を深めておくことが大切です。

一方、**決まった休みがないのもフリーランスの特徴なので、夫が仕事を休める日は、子どもを任せて妻が仕事に出かける日を少しずつ作ってはどうでしょうか。**

資料収集のために図書館に行くなど、最初は数時間から始めて、徐々に夫1人で家事や育児をする時間を増やしましょう。

Q9

家の中にあまり波風を立てたくありません。私が我慢すればいいと思ってしまいます。

A9

確かに家庭内がギスギスするのは避けたいです。とはいえ、「私が我慢すれば」というのが積み重なると、それが夫にとっては当たり前になり、夫の定年後も我慢を続けなくてはならなくなります。そして、夫はあなたが我慢をしていることにすら気づきません。ある日突然、あなたの気持ちが折れてしまうかもしれません。

波風までいかなくても、ほんの少しさざ波を立てる程度の働きかけはしてもよいのではないでしょうか。家事を「する」か「しない」かではなく、自分のものは自分で片づけたり、掃除する人のことを考えたトイレやお風呂の使い方をするとか、食後は食器を下げて食卓を拭くなど、少しずつ巻き込んでいく工夫をしてみてください。そして、**子どもたちを家事の戦力にすることを忘れずに。**

なかなか思うようにはいかないかもしれませんが、夫の年齢とともに、あるいは部署異動によって時間に余裕が出てくることもあります。多少、気持ちに余裕が出てきたときに、家事の担い手になれるような基盤を作っておきましょう。

Q10

私の給料が上がったり、昇進したりすると、夫が嫌がります。家事分担も言い出しにくいです。

A10

妻の給料が上がるとか昇進は、家計にとって喜ばしいはずですが、「男は仕事」という価値観が根強いと、素直に喜べないのかもしれません。そのような場合、自分のお給料や昇進について、わざわざ言う必要はありません。

第1章第3節と第4節を参考にしてください。家族全員が暮らすための基本的な費用と、子どもの教育費や将来に備えた積立など、共通の支出や貯蓄はお互いに拠出し、あとは自由にするといったスタイルにしてはどうでしょうか。

家事分担と収入の多寡は関係ありません。 あなたが気を遣いすぎると、かえって夫が傷つく可能性もあります。同じ暮らしの場を共有する者同士として、心地よく暮らすための役割をどう果たすか、当たり前のこととして淡々と話し合ってください。

キャリアプラン	収入（万円）			年間支出額（万円）	年間貯蓄額（万円）	累計貯蓄額（万円）
	妻	夫	合計額			

特別付録2　書き込み式ライフプラン表

	西暦	家族の年齢構成				夢・目標・イベントなど
		妻	夫	第1子	第2子	
起点						
1年後						
2年後						
3年後						
4年後						
5年後						
6年後						
7年後						
8年後						
9年後						
10年後						
11年後						
12年後						
13年後						
14年後						
15年後						
16年後						
17年後						
18年後						
19年後						
20年後						
21年後						
22年後						
23年後						

掃除系	洗濯系	その他

掃除系	洗濯系	その他

掃除系	洗濯系	その他

特別付録3　書き込み式家事スケジュール表

平日	食事系	子の世話系
起床 出社・登園登校		
退社 就寝		

休日	食事系	子の世話系
起床 就寝		

不定期	食事系	子の世話系

【著者紹介】
内藤眞弓（ないとう　まゆみ）
1956年香川県生まれ。大手生命保険会社勤務の後、ファイナンシャルプランナー(FP)として独立。1996年から約5年間、公的機関において一般生活者対象のマネー相談を担当。現在は、金融機関に属さない独立系FP会社である生活設計塾クルーの創立メンバーとして、一人一人の暮らしに根差したマネープラン、保障設計等の相談業務に携わる。
FPとしての活動は四半世紀を超え、相談件数は累計で約3000件。共働き夫婦からの相談も多く、個々の家庭の考え方や事情に合わせた親身な家計アドバイスが好評。著書に『医療保険は入ってはいけない！』(ダイヤモンド社、累計8万部)など。講演・セミナー等の講師としても活動。

3000以上の家計を診断した人気FPが教える
お金・仕事・家事の不安がなくなる
共働き夫婦 最強の教科書

2021年10月6日発行

著　者――内藤眞弓
発行者――駒橋憲一
発行所――東洋経済新報社
〒103-8345　東京都中央区日本橋本石町1-2-1
電話＝東洋経済コールセンター　03(6386)1040
https://toyokeizai.net/

カバーデザイン…成宮　成(dig)
ＤＴＰ…………アイランドコレクション
イラスト…………大塚砂織
印　刷…………廣済堂
編集担当………矢作知子

Printed in Japan　ISBN 978-4-492-04698-2